KB164000

청소년들의 진로와 직업 탐색을 위한
잡프러포즈 시리즈 08

라이프스타일을 설계하는
백화점바이어

라이프스타일을 설계하는

백화점바이어

임태혁 지음

유행은 사라지지만 스타일은 영원하다.

– 이브 생 로랑 Yves Saint Laurent –

자신에 대한 정의를 바꿀 만큼 심대한 변화는
단순히 삶과 사고방식의 사소한 변화가 아닌,
총체적 탈태(脫態)를 요구한다.

- 마사 베크 Martha Beck -

C·O·N·T·E·N·T·S

C · O · N · T · E · N · T · S

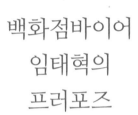

백화점바이어
임태혁의
프러포즈

백화점바이어
임태혁의 프러포즈

안녕하세요. 신세계백화점 김해점의 패션 총 괄팀장으로 근무하고 있는 임태혁이에요. 저는 20년 넘게 백화점에서 국내 여성복과 해외 의류의 바이어 및 팀장으로 일해왔어요. 대학에서는 경제학을 전공했지만 직업만큼은 좀 더 역동적이고 대외적인 업무를 하고 싶었어요. 그래서 삼성에서 분리된 신세계그룹의 공채시험에 지원했고 합격하게 되어 지금까지 백화점바이어의 길을 걷고 있어요.

백화점바이어는 패션과 관련된 전공을 하지 않아도 패션에 관심이 많고 대외적인 활동을 좋아하는 외향적인 성격의 소유자라면 관심을 가져볼 만한 매력적인 직업이에요. 자신이 참여해서 설계한 백화점 매장이 현실화되어 실제 매장으로 탄생하는 순간 그 어떤 것과도 비교할 수 없는 기쁨과 보람을 느낄 수 있죠.

현재 유통업계는 격변의 시기를 맞고 있어요. 그 중에서도 특히 백화점은 기존의 천편일률적인 매장 구성에서 탈피해 고객 라이프스타일의 변화에 맞춰 새로운 콘셉트의 매장들로 변신하고 있는 중이에요. 그렇기에 유연한 사고와 새로운 아이디어를 가진 젊은이들의 창의성과 열정이 절실하게 요구되는 시기라고 할 수 있죠. 다양한 분야에 호기심이 많고, 사람들에게 새로운 개념의 라이프스타일을 제안해주고 싶다면 백화점바이어에 도전해보시기 바라요. 후배 여러분과 함께 유통의 새로운 패러다임에 대해 이야기하고 함께 작업할 수 있는 기회가 있기를 진심으로 기대해요.

첫인사

편 – 토크쇼 편집자

임 – 백화점바이어 임태혁

🔲 먼저 간단한 자기소개를 부탁드려요.

🔲 1994년 신세계그룹이 삼성그룹에서 분리된 후, 공채 3기로 입사해 20년 넘게 영업 분야에서 일을 해왔어요. 처음 입사해서 3년 동안은 점포의 매장 관리를 하다가, 본사에 들어가서 13년 정도 백화점바이어 업무를 수행했죠. 지금은 작년에 오픈한 신세계백화점 김해점에서 패션총괄팀장으로 근무 중이에요.

🔲 백화점바이어를 하신지는 얼마나 되셨나요?

🔲 1994년 말에 입사했으니까 22년 조금 넘게 근무했네요. 그 중 13년 정도를 본사 바이어로 재직했고요.

🔲 백화점바이어라는 직업을 선택한 이유가 있나요?

🔲 대학에 다닐 때부터 백화점바이어가 되고 싶다고 생각한 건 아니에요. 전공이 경제학이라 대외적인 업무를 하고 싶어서 해외 무역 업무를 하는 물산 분야에 입사하고 싶었어요. 물산 분야에 관심을 두고 준비를 하던 중에 학교에서 신세계그룹의 공채 공고를 우연히 본 후 지원했는데 덜컥 합격하게 되었죠. 백화점이라는 게 생소하기도 했고, 당시 신세계그룹은

지금만큼 규모가 크지도 않았어요. 그래서 주변 분들께 의견을 물었더니 제 성격이나 유통업의 발전 가능성을 고려했을 때 괜찮은 진로라고 하셨어요. 특히나 신세계그룹은 삼성에서 분리됐기 때문에 성장 가능성이 높다고 하더라고요.

그런 의견들을 수렴해 입사하게 됐죠. 입사 후 포지션에 관해 면담할 때 저는 영업을 하고 싶다고 했고, 여성복 매장 관리자가 되어 3년간 근무했어요. 여성복은 그 시대의 트렌드를 가늠하는 가장 앞선 분야라 소비자의 트렌드를 읽는 공부를 많이 했고, 후에 업무를 수행하는데 많은 도움이 되었어요. 그 후 본사 AS바이어(어시스턴트바이어)가 되었고, 지금까지 13년이 넘는 기간 동안 전문 바이어로 근무하고 있어요.

편 학생들에게 이 직업을 프러포즈하는 이유는 뭔가요?

임 제가 이 일을 오랜 기간 했는데 아직도 백화점바이어란 직업을 낯설어하는 사람들이 많더라고요. 생소하기만 한 이 직업이 우리의 삶에 얼마나 가까이 있는지, 백화점바이어가 무엇인지부터 될 수 있는 방법까지 모든 걸 알려주고 싶어요. 요즘 젊은 친구들의 생활 방식이나 취향을 생각하면 백화점바이어란 직업과 잘 맞는 부분이 많아 보여요. 하지만 이 직업을 모르는 학생들이 많기 때문에 이 책을 통해 이러한 직업이 있다는 것을 알리고 진로 선택을 하는데 도움을 주고 싶어요.

백화점바이어는 시대의 흐름과 트렌드를 선도하는 좋은 품질의 제품을 개발해 소비자들의 욕구를 채워주고 있으며, 가까운 미래에는 더욱 다양한 모습으로 우리 생활의 질을 높여줄 거라 생각해요. 빠르게 변화하는 트렌드에 민감하고 사람들의 라이프스타일에 관심이 많은 학생들에게 이 직업을 프러포즈하고 싶어요.

신세계백화점 김해점

백화점바이어란

백화점바이어라고 하면 백화점에서 판매하는 물건을 구매하는 사람으로 생각할 수도 있는데, 일정 부분 그런 업무를 수행하기도 하지만 백화점바이어의 가장 기본적인 업무는 브랜드의 입점 및 영업 관리예요. 각 브랜드는 계약에 근거한 일정 수준의 수수료나 임대료를 내고 백화점에 입점하게 되는데, 해당 브랜드의 입점 관리부터 영업 관리까지 모든 절차를 관리하는 실무 책임자가 바로 백화점바이어라고 보면 되죠.

백화점바이어라는 직업에 대해 소개해주세요.

편 백화점바이어는 일반인에게 생소한 직업이에요. 백화점바이어라는 직업에 대해 소개해주세요.

임 사실 바이어^{Buyer}라면 구매자, 즉 물건을 사는 사람이라고 할 수 있는데요. 백화점바이어는 이보다 포괄적인 개념을 갖고 있어요. 물건을 구매하는 경우도 있긴 하지만 그보다는 여성복, 남성복, 화장품, 식품, 생활용품 등과 같은 특정 장르를 맡아서 트렌드에 맞는 브랜드를 유치함은 물론 연결성이 높은 관련 품목을 고객의 라이프스타일에 맞춰 조화롭게 구성함으로써 고객들이 원하는 매장을 만들어 나가는 사람을 말해요. 여러분이 백화점을 방문해서 만나게 되는 모든 매장들은 백화점바이어의 손길을 거쳐 이루어진 것이라고 보면 이해가 빠를 것 같네요.

보통 사람들은 백화점바이어라고 하면 백화점에서 판매하는 물건을 구매하는 사람으로 생각할 수도 있는데, 일정 부분 그런 업무를 수행하기도 하지만 백화점바이어의 가장 기본적인 업무는 브랜드의 입점 및 영업 관리예요. 각 브랜드는 계약에 근거한 일정 수준의 수수료나 임대료를 내고 백화점에 입점하게 되는데, 해당 브랜드의 입점 관리부터 영업 관리까지 모든 절차를 관리하는 실무 책임자가 바로 백화점바이어라고 보면 되죠.

신규 매장을 만드는 일은 무에서 유를 창조하는 작업이기 때문에 모든 걸 하나하나 계획해야 해요. 기존 점포의 경우 계약 기간이 끝나면 재계약을 하거나 다른 브랜드를 유치하기도 하고 일정 부분 조정 작업을 하기도 해요. 브랜드 입점 후에도 영업 활성화를 위한 관리를 해야 하기 때문에 다양한 마케팅 활동을 수행하기도 하죠. 또한 최신 트렌드에 맞춰 새로운 장르나 브랜드에 대한 조사, 개발 등의 업무를 수행하기도 하고요.

편 브랜드의 입점 최종 권한은 백화점바이어가 가지고 있나요?

임 최종 결정권자는 아니고 팀장 및 해당 임원의 결재를 받아야 해요. 그렇지만 바이어의 의견이 가장 중요하고, 그 의견이 상당 부분 수용돼요. 실무적으로 가장 많이 알고 있고, 중간중간 보고하고 조율하고, 계획이나 흐름을 짜는데 가장 핵심적인 사람이 백화점바이어기 때문이죠.

편 MD와는 어떻게 다른가요?

임 백화점바이어도 MD의 성격을 갖고 있긴 해요. 그래서 일반인들은 MD와 혼동하기도 하죠. 그렇지만 백화점바이어는 MD보다 많은 영역의 업무를 해요. 백화점바이어의 업무는 장르 전체, 브랜드 단위, 브랜드의 상품 범위까지 포함하기 때문에 브랜드의 MD보다 업무 영역이 넓고 깊죠.

편 백화점 전체 직원 중 바이어는 몇 명 정도 있나요?

임 바이어는 몇 명 안돼요. 백화점 전체 직원의 5퍼센트가 채 안 되죠. 일반적으로 바이어는 점포 근무를 거치게 되고, 그 중에서 장래성과 역량을 인정받은 사람들이 바이어가 되곤 해요.

편 입점 브랜드는 해당 지점 백화점에서 결정하는 게 아니라 본사에서 결정하는 건가요?

임 네. 맞아요. 백화점 전체 지점의 브랜드 입점 관리는 본사의 바이어가 수행해요. 따라서 입점 브랜드에 대한 의사결정은 기본적으로 본사에서 이루어지게 되죠. 이 과정에 있어 점포는 바이어에게 각 지점의 상황에 맞는 충분한 의견을 주고 바이어가 이를 반영해서 실질적인 의사결정과 실무를 처리해요.

백화점바이어는 구체적으로 어떤 일을 하나요?

편 백화점바이어는 구체적으로 어떤 일을 하나요?

임 가장 중요한 업무는 브랜드의 입점 및 영업 관리 업무예요. 신규점포를 만들게 되면 브랜드의 입점 여부와 매장의 레이아웃을 결정하게 되죠. 기존 점포의 경우는 협력회사와 수시로 업무 협의를 하는 등 교류를 맺어야 해요. 협력회사와는 계약에 의해 영업이 이루어지게 되는데 보통 1년에서 3년 단위로 재계약을 하게 돼요. 매장 트렌드와 고객의 의견에 의해 매장에 변화를 주는 시기가 재계약 시점이죠.

대부분의 브랜드가 재계약이 이루어지지만 트렌드에 뒤쳐져 효율이 많이 떨어지는 하위 브랜드의 경우 일부 재계약이 이루어지지 않는 경우도 있어요. 계약 시점에 협력회사와의 조율 과정을 거쳐 재계약 여부 등을 조정하는 역할을 백화점바이어가 수행하는 것이죠. 공정거래위원회에서는 백화점이 지위를 이용해 협력회사에 부당한 대우를 하지는 않는지 주시하고 있기 때문에 함부로 결정을 내릴 수 없고, 합리적인 기준과 원칙에 의해서 계약을 진행하게 돼요.

이런 개편은 일 년 단위로 진행돼요. 예전엔 SS 시즌, FW

시즌에 맞춰 일 년에 두 번 진행되었는데 지금은 협력회사와의 관계 등을 고려해 일 년에 한 번으로 바뀌었어요. 신규 또는 재계약을 통해 입점한 브랜드의 영업이 잘 되도록 다양한 마케팅 활동을 하게 되는데 백화점바이어가 일정 부분 그 역할을 수행해요. 이 또한 백화점바이어의 중요한 업무 중 하나죠.

그 외에 보통 일 년에 한 번 정도 본인이 맡고 있는 장르에 대한 스터디를 해서 트렌드 보고를 하기도 해요. 본인이 담당하는 장르 및 브랜드에 대한 영업 책임도 가지고 있기 때문에 월 단위로 영업 분석을 하는 등 영업 관리도 해야 하죠. 백화점에서 진행되는 스포츠 대전 같은 대형행사 기획 업무도

여기에 포함돼요.

또 브랜드를 관리하고 새로운 브랜드의 개발을 위해 열심히 시장조사도 해야 해요. 다양한 리서치를 수행하고, 관련 지식을 쌓아야 하죠. 한 가지 일만 하는 게 아니라 다양한 일을 처리해야 하기 때문에 굉장히 바빠요. 열정이 필요한 직업이에요.

편 수출품을 매입하는 바이어처럼 직접 상품을 구매하기도 하나요?

임 일반적으로는 협력회사에서 상품을 제작하거나 구매해서 판매하는 형태로 운영되죠. 그런데 최근에는 입점해 있지 않은 브랜드의 상품이나, 매장 구성상 필요한 상품, 고객이 찾는 상품을 필요에 따라 직접 매입하는 경우도 있어요. 예를 들어 프리미엄 패딩이 유행했을 때 직접 매입을 하기도 했죠. 최근에는 일부 상품을 매입하는 수준을 넘어 직접 브랜드 개발을 하기도 해요. 백화점만의 차별성을 갖기 위해 기존 브랜드로 부족한 부분은 직접 운영을 하는 거죠. 이런 브랜드를 PB^{Private} ^{Brand}라고 불러요.

그러나 이런 일은 많은 시간과 노력을 요해요. 바이어 업

블루핏BLUFIT은 신세계백화점에 가야만 볼 수 있는 브랜드예요

무를 하면서 상품 구매까지 하기에는 시간이 부족하죠. 그래서 비정기적으로 일 년에 한 번 정도 하는데 매출 때문에 하는 건 아니고, 고객의 욕구를 충족시키고 본인이 맡고 있는 분야에 차별성을 두기 위해 간헐적으로 운영해요. 본인이 의지만 있다면 이런 기회를 통해 더 나은 장르의 포지셔닝을 할 수 있겠죠.

　백화점에는 자체적으로 운영하는 브랜드의 상품 구매를 담당하는 팀이 있어요. 직매입바이어라고 하며 이들이 직접 물건을 구매해요. 우리가 일반적으로 생각하는 바이어죠. 신

수입상품 편집숍

세계에는 분더샵BOONTHESHOP이라는 수입상품 편집숍이 있는데 이곳의 상품은 모두 직매입해요. 분더샵의 바이어들이 해외에 나가서 직접 상품을 매입하죠. 백화점바이어와는 기능이 다르기 때문에 채용 방식도 약간 달라요. 직매입바이어는 백화점에 입사해서 편집숍으로 발령받은 직원이 근무하기도 하지만 전문성을 요하는 직군이라 외부 경력으로 채용되는 경우도 많이 있어요.

📧 바이어의 주된 업무가 브랜드 입, 퇴점인데 어떤 지점으로 입점하는지도 결정하나요?

🔲 1차적으로는 그렇죠. 입점을 계획하고 주된 의사결정을 하는 책임이 바이어에게 있어요. 점포에서 요청하는 경우도 있는데 이 또한 바이어의 판단으로 진행되죠. 점포에서 입점을 요청한다고 해서 다 진행되는 건 아니에요. 협력회사의 입장도 있기 때문에 그 중간에서 바이어가 조율하는 과정을 거치게 돼요. 예를 들어 지역 점포에 필요한 브랜드와 도심 점포에 필요한 브랜드는 일치하지 않는 경우도 많죠. 또한 협력회사 입장에서도 상권이나 지역에 따라서 희망하는 점포가 많이 다르기 때문에 이러한 점을 조율하는데 있어 많은 시간과 노

력이 필요해요.

편 장르라는 것이 흔히 생각하는 명품, 잡화, 화장품, 여성복, 남성복, 스포츠 이런 분류를 얘기하는 건가요?

임 그런 구분이 기본이고, 또 그 안에 세세한 분야가 있어요. 예를 들어 잡화라고 하면 그 안에는 구두, 핸드백, 쥬얼리, 패션 소품 등으로 장르가 더욱 세분화되어 있죠. 장르 구분은 백화점마다 명칭이 조금씩 달라요. 신세계백화점 여성복의 경우 연령 타깃이 다소 높은 여성 클래식 팀과 젊은 층을 타깃으로 하는 여성 캐주얼 팀으로 나누어져 있어요. 여성 캐주얼 팀도 영 캐릭터, 영 캐주얼, 진 캐주얼, 스트리트 캐주얼 등으로 세분화되어 있죠. 최근에는 고객의 라이프스타일을 고려해서 영 잡화 장르가 별도로 구성되었어요. 다양한 스타일의 장르와 브랜드가 있기 때문에 이렇게 나눠 놓았죠.

편 백화점바이어도 각자 본인만의 장르가 있는 건가요?

임 네. 앞서 여성 캐주얼은 영 캐릭터, 영 캐주얼, 진 캐주얼, 스트리트 캐주얼 등의 장르로 세분화된다고 했잖아요. 이렇게 세분화된 단위마다 담당하는 바이어가 따로 있어요. 또 이런 바이어들을 모두 총괄하는 사람을 매입팀장이라고 부르는데 저도 2년 정도 매입팀장으로 일했어요.

편 명품은 어떻게 구분되어 있나요?

임 편의에 따라 구분하기 때문에 백화점마다 기준이 달라요. 예를 들면 명품잡화, 시계, 쥬얼리 등 상품별로 구분하거나 루이비통LOUIS VUITTON, 까르띠에Cartier 같은 브랜드별로 구분하기도 하죠.

편 한 팀에 몇 명의 바이어가 있나요?

임 백화점마다 다르지만 신세계는 4명에서 7명 정도 있고, 바이어 밑에 AS바이어가 있어요. AS바이어는 실무적인 경험을 쌓은 후 바이어가 되기도 하고, 매장에 나가 경력을 쌓고 들어와 바이어가 되기도 해요. 바이어는 백화점에서 중요한 직무이고, 소수 인력으로 운영되기 때문에 보통 본인이 맡은 분야에서 인정받는 친구들이 바이어로 스카우트되죠.

편 그렇다면 백화점 직원들은 바이어를 하고 싶어 할 것 같아요.

임 그렇죠. 하지만 그만큼 책임과 업무의 강도가 높아요. 보고서와 기획서를 잘 작성해야 하고, 협력회사와 대외적인 업무를 진행하기 때문에 외향적인 성격과 원활한 협상력도 필요해요. 그래서 많은 직원들이 선호하지만, 어떤 사람은 부담스러워 하거나 버거워하기도 하죠.

편 이마트와 같은 마트도 큰 시장인데, 이쪽 바이어의 특성은 어떤가요?

임 이마트의 경우는 초창기에 신세계그룹에서 같이 채용했어요. 제 동기도 이마트에 있죠. 제가 아는 범위 내에서 얘기를 하면, 주력 업종에 대한 분야의 차이예요. 이마트는 패션 지향보다는 식품과 생활 분야의 기능이 훨씬 커요. 그리고 직매입이 많아요. 초창기 이마트 직원은 백화점에서 이동한 경우가 많아요. 이마트바이어가 백화점바이어와 가장 다른 점은 할인점이라는 특성상 직매입 기능이 크기 때문에 훨씬 많은 인원으로 구성되어 있다는 거예요. 직매입의 기능이 많이 들어가면 들어갈수록 일손이 많이 들어가기 때문에 인력이 많을 수밖에 없죠.

마트는 바이어도 있고 MD도 따로 있어요. DB라고 해서 딜리버리 관리하는 사람, 재고 관리하는 사람 등 많은 포지션이 있고요. 직접 매입을 하게 되면 관리적인 측면에서 손이 많이 가기 때문이에요. 채용과정은 백화점과 비슷한 형식으로 입사하는 경우도 있고 다양한 경력직 채용도 많아요. 신입사원부터 키우는 경우도 많지만 이미 검증된 사람을 채용하는 경우가 있거든요. 백화점 직원이 관리와 영업적인 성격을 동시에 가지고 있다면, 이마트 직원은 상대적으로 영업적인 성격이 훨씬 강해요. 직접 상품을 매입하면 즉각 효과가 드러나기 때문이에요.

또 백화점이 브랜드 위주로 움직인다면, 이마트는 개별 상품 단위로 많이 움직여요. 그렇기 때문에 상품 기획에 대한 관심이 많다면 이마트바이어에 관심을 두고 지원을 하는 것도 좋을 것 같아요. 전체적으로 다루는 상품의 그레이드가 다르기 때문에 같은 유통업에 지원한다고 해도 본인의 성향이나 적성, 라이프스타일에 맞춰 지원한다면 더 잘, 더 즐겁게 일할 수 있겠죠.

이 직업만의 매력과 장점은 무엇인가요?

편 이 직업만의 매력과 장점은 무엇인가요?

임 유통업은 넓고 다양한 분야를 경험할 수 있어요. 백화점은 말 그대로 백화를 취급하기 때문에 의류부터 식품까지 다양한 분야를 볼 수 있고, 그 안에서 무수히 많은 고객과 다양한 분야의 협력회사 관계자분들을 만나죠. 영업뿐 아니라 기획 업무를 포함한 다양한 업무를 수행하게 돼요. 본인이 마음만 먹으면 새로운 장르를 개척할 수도 있고 새로운 상품을 도입하거나 개발할 수도 있어요.

이 과정에서 매우 다양한 경험들을 하게 되고 이것은 사회생활에 있어 귀중한 자산으로 남게 돼요. 또한 세상과 사회를 바라보는 시각이 넓어질 수 있어요. 요즘의 트렌드는 기존의 질서에 머무르지 않고 사회 및 고객의 흐름에 맞춰 새롭게 변화하는 것이 기본적인 추세이기 때문에 변화를 좋아하고 창의적인 마인드를 가진 분이라면 더욱 관심을 가져볼 만한 분야라고 생각해요.

백화점바이어는 대외활동이 많기 때문에 실제 현장에서 직접 체험하며 유통의 흐름이 어떻게 바뀌는지 고객의 변화가

신세계백화점 본점

어떤지를 폭넓게 느낄 수 있어요. 또한 본인이 맡은 장르를 새롭게 구성하거나 새로운 장르나 브랜드를 만들면서 본인이 의도하는 바를 실현시킬 수도 있죠. 자신의 계획이 눈앞에 실현될 때는 엄청난 희열을 느낄 수 있어요.

저 같은 경우도 가장 기억에 남는 일은 신세계백화점 본점의 명품관 재개발 당시 바이어를 한 일과, 부산에 있는 신세계백화점 센텀시티점이 개장할 때 해외 의류 바이어를 맡은 일

이었어요. 내가 참여해서 구상했던 매장 모습이 실제로 구현
되는 날, 고객들이 물밀듯이 밀려오는 걸 보며 굉장한 보람과
희열을 느꼈죠. 기존 점포 역시 꾸준한 관리를 통해 영업 성과
가 높아지거나, 고객이 원하는 방향으로 바뀌는 모습을 보면
이 또한 큰 보람이죠.

이 직업의 단점에 대해 알려주세요.

편 이 직업의 단점에 대해 알려주세요.

임 글쎄요. 굳이 꼽자면 바쁘다는 거예요. 백화점바이어의 업무는 업무 매뉴얼이 별도로 없어요. 업무가 다양하고 깊기 때문에 본인이 중심을 잡지 못하면 자칫 일에 치여 방향성을 잃기 쉽죠. 따라서 본인의 정체성을 찾는 일이 무척 중요해요. 그리고 고객의 니즈에 따라 점포와 협력회사의 의견을 조율해야 하는데 3자를 조율하는 과정이 힘들거나 본인 뜻대로 되지 않으면 어려움에 봉착할 수 있어요. 업무 매뉴얼은 별도로 없지만 업무의 범위가 광범위하다 보니 가끔씩은 바쁜 업무 중에도 시간을 내서 고객들의 반응을 살피기 위해 매장에도 나가보고 시장조사를 다니는 등의 열정이 필요한 직업이기도 해요.

외국의 백화점바이어와는 어떻게 다른가요?

편 외국의 백화점바이어와는 어떻게 다른가요?

임 외국은 우리나라와 유통 형태가 조금 달라요. 일본의 경우는 우리와 비슷하지만, 일반 백화점바이어의 비중보다 직매입 바이어의 비중이 좀 큰 편이에요. 일본 백화점바이어와 얘기를 해보면 상품 개발 분야에 관심이 많고 그 쪽 비중도 높더라고요. 미국이나 유럽의 경우는 백화점바이어가 직접 물건을 매입하는 경우가 일반적이고요. 현재 우리나라 백화점도 백화점만

백화점의 퍼스널 쇼퍼룸

의 고유의 브랜드나 상품을 개발하는 비중이 높아지고 있어요.

편 외국의 영화나 드라마를 보면 퍼스널 쇼퍼^{Personal Shopper}가 자주 등장하는데 우리나라에도 퍼스널 쇼퍼가 많이 있나요?

임 있어요. 그렇지만 모든 점포에 있는 것은 아니에요. VIP 고객이 많은 점포의 경우 퍼스널 쇼퍼룸이 있는데, VIP 고객 관리 및 퍼스널 쇼퍼룸 관리를 위한 퍼스널 쇼퍼가 채용되어 운영되고 있죠.

백화점바이어라는 직업의 수요가 많은가요?

편 백화점바이어라는 직업의 수요가 많은가요?

임 아직까지는 백화점바이어라는 직업에 대한 인식은 높지 않은 편이에요. 일반적으로 바이어라고 하면 해외에서 물건을 수입하거나 브랜드의 MD 업무를 떠올리는 경우가 많고, 백화점바이어에 대해서는 잘 모르는 것 같아요. 백화점에서 일하니 단순히 대기업에 근무하는 사람으로 인식하기도 해요. 그렇지만 분명히 존재하는 영역이고, 매력적인 일인 것도 확실하죠.

그래서 이러한 영역을 알리기 위해 잡 프러포즈에 참여했어요. 앞으로는 세상이 빠르게 흘러감에 따라 고객의 니즈도 빠르게 바뀔 거예요. 이에 백화점도 발 빠르게 대응해야 하기 때문에 백화점바이어에게도 현재보다 높은 수준의 기능이나 전문성이 요구될 거라 생각해요. 따라서 백화점바이어에 대한 기능은 여러 가지 다양한 형태로 훨씬 강화될 것이고, 전문적인 백화점바이어의 채용 비중은 높아질 것으로 예상돼요.

🔲 백화점바이어가 나온 영화나 드라마가 있나요?

🔲 백화점바이어를 주인공으로 한 특정 영화나 드라마가 떠오르진 않네요. 백화점바이어는 패션 분야와의 업무 관련도가 높기 때문에 〈악마는 프라다를 입는다〉 같은 패션 관련 영화를 보면 패션 피플Fashion People들의 생활이 이해되기도 하고 공감도 많이 가죠. 우리 매장에 입점되어 있는 많은 브랜드들을 영화 속에서 만나는 것도 흥미롭고요.

평생 할 수 있는 직업인가요?

편 평생 할 수 있는 직업인가요?

임 당연하죠. 유통이라는 큰 틀에서 본다면 백화점 외에도 전문점, 할인점, 체인스토어 등 다양한 길이 있고, 계속 분화되고 발전하는 과정에 있기 때문에 향후 유통 전문가에 대한 수요는 계속 높아질 거라고 봐요. 최근 인공지능이 인간의 업무 영역을 대체할 것이라는 예측이 많지만, 유통 및 패션 분야야말로 향후에도 전적으로 기계가 대신하기 어려운 인간의 영역이라는 점에서 더욱 매력적이라고 생각해요.

비전 있는 직업인가요?

편 비전 있는 직업인가요?

임 그럼요. 회사 안에서 성장하는 것도 의미가 있고, 전문성을 충분히 키울 수 있는 직업이기도 하죠. 또한 협력회사와 커뮤니케이션하는 업무가 많다 보니 자연적으로 대외적인 네트워크가 넓어질 수밖에 없어요. 창업을 한다거나 퇴직 후에 타 기업에 입사하여 본인의 역량을 펼칠 수 있는 기회도 충분히 있어요. 확장성이 넓다고 볼 수 있죠. 그래서 유통업계 선배들이 협력회사에 들어가거나, 어떤 회사에서 유통업체를 확장할 때 유통 담당으로 재취업하는 경우도 많이 있어요. 전문성이 요구되는 업무이기 때문에 정년과 상관없이 오래 일할 수 있다고 생각해요.

편 온라인 구매와 해외 직구 증가에 대해서는 어떻게 생각하세요?

임 오프라인 영업에 있어서 위협적인 요소예요. 하지만 이런 얘기가 오래전부터 제기됐음에도 불구하고 아직도 백화점이 일정 수준의 영업 성과를 올리는 것은 우리나라만의 고유한 쇼핑문화가 존재하기 때문인 것 같아요. 백화점도 이러한 위기를 인식해서 노력하고 있어요. 기존의 고객이 이탈하지 않고, 새로운 고객이 창출될 수 있도록 변화를 주고 있죠.

백화점바이어는 단순히 그 영역에만 머무는 것이 아니고 백화점에 소속된 바이어이기 때문에 온라인과 아울렛 사업에 참여할 수 있는 기회도 있어요. 신세계백화점을 예로 들면 온라인 판매도 진행하고 있어요. 이를 확장 가능한 사업 영역으로 선정하고 새로운 사업 모델로 키우기 위해 노력하고 있고, 따라서 오프라인 백화점바이어가 온라인 바이어가 될 수도 있죠. 이런 면에서도 업무의 확장성이 좋다고 볼 수 있어요. 딱 그 일에만 한정돼서 한 가지 업무만 하는 것이 아니라, 본인의 의지와 적성에 따라서 새로운 업무도 맡을 수 있거든요.

Department Store Buyer

백화점바이어의 세계

백화점을 오픈할 때는 상권과 고객을 고려해서 조금씩 다른 콘셉트의 매장을 구성하게 돼요. 어떤 입지에 오픈하느냐에 따라 다르겠지만 최근의 흐름을 보면 백화점이 단순히 상품만을 파는 공간이 아니라, 고객들이 오랜 시간 체류하며 다양한 경험을 할 수 있는 복합 쇼핑 공간으로 바뀌고 있어요. 이러한 관점에서 기회가 주어진다면 기존의 고정관념을 뛰어넘는 새로운 복합 라이프스타일 쇼핑 공간을 만들어보고 싶어요.

백화점바이어의 일과는 어떻게 되나요?

편 백화점바이어의 일과는 어떻게 되나요?

임 바이어의 일과는 딱히 정해진 것은 아니고 매일매일 달라요. 보통의 경우를 상정해서 말씀드릴게요. 8시 30분에 출근해서 컴퓨터를 켜고 가장 먼저 백화점 홈페이지에 등록된 고객의 소리를 확인해요. 고객의 소리는 고객들이 어떤 불만사항을 가지고 있고 어떤 상품과 서비스를 원하는지 확인할 수 있는 소중한 자료예요. 그 다음 전일까지의 영업 실적을 확인해요. 바이어가 맡고 있는 장르가 어떤 흐름으로 가고 있는지 전년 실적과 비교해서 보기도 하고 다양한 방법을 통해 영업 현상을 분석하죠.

9시부터 12시 사이에는 간단한 회의나 미팅이 진행되는 경우도 있고 상담 약속이 있는 경우 상담도 많이 이루어져요. 시간이 허락되는 대로 패션 관련 사이트 등 다양한 매체의 검색을 통해 정보를 습득 하고, 마켓 트렌드를 파악하기도 하죠. 12시부터는 한 시간 가량 점심식사를 해요.

식사가 끝나면 5시까지는 보통 다양한 일정으로 외부 업무를 보게 돼요. 협력회사를 방문해서 상담을 하기도 하고 상

품 품평회나 패션쇼 같은 곳에 참석하기도 해요. 가로수길이나 경리단길 같은 핫 플레이스를 찾아가 시장조사를 하면서 고객 및 트렌드의 변화를 읽으려 노력하기도 하죠. 5시나 6시에는 회사에 복귀해 하루 일과를 정리하고 필요한 자료를 정리해요.

편 요즘 자주 가는 핫 플레이스는 어디에요?

임 아무래도 서울의 청담동 같은 지역을 자주 가게 되고요. 사람들을 만날 때는 가로수길이나 이태원 같은 곳에서 주로 만나요. 고급스럽고 새로운 라이프스타일과 젊은 사람들의 트

패션쇼 관람

핫 플레이스 시장 조사

렌드를 읽기 위해서죠.

편 트렌디 한 감각을 유지하려면 전시나 공연도 자주 접할 것 같은데 최근에 본 것 중 기억에 남는 게 있나요?

임 저희 회사에서도 일부 점포는 갤러리를 운영하고 있어서 전시 내용이 바뀔 때마다 항상 관심을 갖고 보게 돼요. 개인적으로 공연을 보러 가기도 하지만 점포에서 고객을 대상으로 한 문화홀 공연이 자주 있어서 시간이 나면 꼭 관람을 하죠. 대중가수 공연이나 클래식 공연 등 다양한 콘텐츠가 진행되고 있어서 매번 새로운 경험을 할 수 있거든요.

편 이 일을 하면서 크게 달라진 점이 있나요?

임 사람들의 라이프스타일이나 패션에 관심이 많아지게 됐어요. 저는 여성복에서 출발해 20년 동안 여성복만 다뤄왔어요. 제가 입사할 때만 해도 해외 브랜드가 많이 없었는데, 지금은 해외 브랜드의 의류가 많이 들어오면서 팀이 별도로 생겼죠. 팀이 생긴 후 제가 바이어가 되었고요.

바이어 업무를 오래 하다 보니 직업병이 생겼어요. 사람들이 어떤 옷을 입고, 어떤 가방을 메고, 어떤 신발을 신었는지 보게 되는 거죠. 사실 회사에 입사하기 전엔 패션에 대해 잘 몰랐거든요. 그렇지만 요즘 후배들을 보면 상당한 수준의 지식과 이 업무에 맞는 적성을 가지고 입사하는 경우가 많더라고요.

편 패션이나 라이프스타일 잡지도 즐겨 보나요?

임 당연히 자주 보죠. 회사 내에 국내에서 발간되는 대부분의 잡지가 비치되어 있고, 회사 자체적으로도 고객들을 위한 패션 잡지를 별도로 발간하고 있기 때문에 항상 가까이 두고 보게 돼요. 트렌드를 이해하는데 많은 도움이 되고 있어요.

패션, 라이프스타일 잡지

시간이 날 때는 어떤 일을 하나요?

편 시간이 날 때는 어떤 일을 하나요?

임 전에는 등산을 좋아했는데 요즘은 골프를 배우고 있어요. 책도 보고, 시장조사도 하는 편이고요. 현재 유통의 큰 트렌드는 라이프스타일이에요. 전에는 특정 장르 한 가지만 잘하면 됐는데 지금은 그렇지가 않아요. 요즘은 쇼핑의 형태가 다양해지고 있고, 단순히 쇼핑만 하길 원하는 것이 아니라 본인의 니즈를 한 곳에서 해결하기를 바라고 있거든요. 그 안에서 재미를 찾기도 하죠.

그 중에서 요즘 빠질 수 없는 게 먹거리인 F&B^{Food&Beverage}예요. 옷 이외에 또 다른 재밌거리를 찾는데 그 중 하나가 음식인 거죠. 요즘 사람들은 맛집에 대한 관심이 많잖아요. 그래서 의류 매장에 옷만 있는 것이 아니라 이를 보완할 수 있는 잡화, 액세서리, 슈즈도 들어오고, 거기에 유명한 레스토랑, 카페 등을 적절하게 잘 배치하는 것이 바이어의 역할이에요.

요즘은 단순하게 옷만 조금 안다고 해서 매장을 끌어갈 수 없어요. 이 같은 변화는 4~5년 전부터 본격적으로 시작됐어요. 그렇기 때문에 바이어들도 계속 연구하고 새로운 걸 찾아

패션과 F&B 복합 매장

다녀야겠죠. 필요하다면 직접 유치하는 경우도 있고요. 그렇기 때문에 뜨는 거리가 있으면 한 번씩 가보는 편이에요. 현재는 김해점에서 근무하고 있기 때문에 김해점 근처나 인근 부산 지역의 유명한 맛집과 사람들이 주로 쇼핑하는 곳들을 찾아다니고 있어요.

편 평상시에 맛집을 많이 찾아다니나요?

임 바이어는 협력회사와의 교류도 잦고, 매장 직원들도 많아서 식사 약속이 많아요. 그래서 맛집을 미리 알아보거나 찾아다니는 경우가 많죠. 맛집뿐 아니라 백화점 매장에 접목이 가능한 다양한 장르의 매장들 중 소위 뜨는 매장이 있으면 가급적 다 가보기도 하고요.

편 패션 공부도 게을리 하지 않아야겠네요?

임 그렇죠. 이러한 공부는 교과서처럼 공부할 수 있는 것이 아니기 때문에 바이어마다 자신만의 노하우를 가지고 공부해야 해요. 선호하는 잡지가 있으면 그 잡지를 꾸준히 찾아본다든지, 회사에서 제공한 패션에 관한 연구 자료를 공부한다든지요. 내부적으로 바이어들이 일 년에 한 번 정도는 리포트를

Job
Propose 08

작성해야 하기 때문에 트렌드에 관한 공부를 게을리 할 수가 없어요.

편 항상 트렌드에 민감해야 할 것 같아요.

임 네. 요즘은 고객들이 트렌드에 훨씬 민감하기 때문에 백화점 홈페이지의 고객의 소리에 어떠어떠한 해외 브랜드를 유치해 달라는 요구를 하곤 해요. 그래서 바이어들이 출근하면 제일 먼저 하는 일이 고객의 소리를 확인하는 거예요. 컴퓨터를 켜면 바로 볼 수 있게 설정해 두었죠. 고객의 소리는 주로 매장에 관련된 질문이 많긴 하지만 요즘은 브랜드 유치 요청도 있는 편이에요.

편 백화점에도 유행과 트렌드가 있나요?

임 물론이에요. 사실 과거의 백화점은 큰 특징이 없었어요. 매출 중심의 매장 구성이 일반화되어 있어서 백화점마다 브랜드 구성은 물론 인테리어에도 차별성이 없었죠. 그러나 요즘은 고객들의 욕구가 다양해지고 트렌드가 빠르게 변화하다 보니 새로운 시도가 많이 이루어지고 있고, 다양하고 새로운 형태의 매장들이 많이 나타나고 있어요.

패션과 라이프스타일 복합 매장

그 중에서 가장 큰 변화가 패션과 라이프스타일이 결합된 매장이에요. 의류 매장에 스타벅스 같은 F&B 매장을 배치한다든지, 구두나 핸드백 같은 잡화 아이템을 의류 매장에 함께 구성한다든지 하는 다양한 시도들이 이루어지고 있어요. 또 남성 전문관, 스포츠 전문관, 영 패션 전문관, 생활 전문관, 아동 전문관 등과 같은 특정 대상이나 장르의 아이템을 한 곳에 모아 원스톱 쇼핑을 가능하게 하는 라이프스타일 전문관이 등장하고 있는 것이 큰 흐름이에요.

또한 고객들의 다양한 라이프스타일에 맞추고, 원스톱 쇼핑을 실현하기 위해 백화점이나 할인점이 몰^{Mall}과 결합된 복합 쇼핑몰의 형태로 가는 것이 하나의 큰 흐름으로 나타나기 시작했어요. 저희 회사도 작년 가을 하남에 스타필드하남이라는 대형 복합쇼핑몰을 오픈했고, 이후에도 다양한 신규 사업들이 예정되어 있는 상황이에요.

기획한 일 중 특별히 기억에 남는 게 있나요?

🈑 본인이 기획한 일 중 특별히 기억에 남는 게 있나요?

🈑 저는 운이 좋아서 바이어로서 많은 점포의 오픈이나 리뉴얼 작업에 참여했어요. 그 중에서도 신세계백화점 본점 재개발 당시 본관 명품관을 새롭게 만들 때가 가장 기억에 남아요. 본점 재개발을 기점으로 기존의 백화점과는 다른 형태의 백화점을 만들기 시작했기 때문이에요. 어린 친구들은 잘 모르겠지만 예전의 신세계백화점 본점은 국내 최초로 지어진 아주 오래된 백화점이었어요. 에스컬레이터도 없이 계단으로 오르내렸죠. 인근 부지를 매입해서 국내 브랜드 중심의 신관을 새롭게 짓고, 기존의 매장은 해외 브랜드 중심의 특화된 명품관 매장으로 만들게 되었어요.

당시는 해외 브랜드나 장르의 구분이 생소할 때였고, 저는 아르마니 같은 해외 의류 브랜드의 바이어였기 때문에 국내에 처음 선보이는 차별화된 매장을 만들기 위해 해외 사례조사도 많이 하고 오랜 기간 협의와 노력을 거쳐 오픈했어요. 오픈 후 고객들에게 많은 사랑을 받게 되어 엄청난 보람을 느꼈죠. 협력회사는 물론 외국 관계자도 바뀐 본점을 보며 멋있게 잘 구성된 점포라 호평했죠. 새로운 개념의 명품관이라는 평가를 받았어요. 아직도 실제로 오픈되던 날의 기쁨과 감격을 잊을 수가 없어요.

세계 최대 규모의 백화점으로 기네스북에 등재된 신세계백화점 센텀시티점이 오픈하던 날도 가슴 벅찬 순간이었어요. 저를 포함한 해외명품팀 세 명의 바이어가 센텀시티점 1, 2층

신세계백화점 센텀시티점

전체의 기본 레이아웃을 짰어요. 제가 도면상에 그린 브랜드와 매장 구성계획이 모두 반영되어 오픈되고, 많은 고객이 찾아주고 좋아해 줄 때의 기쁨은 이 직업에서만 느낄 수 있는 희열이라고 할 수 있죠. 나중에 회사를 나가더라도 본점과 센텀시티점을 보면 자긍심이 생길 것 같아요.

편 또 이런 프로젝트를 맡는다면 어떤 방향으로 매장의 콘셉트를 정할지 생각한 게 있나요?

임 백화점을 오픈할 때는 상권과 고객을 고려해서 조금씩 다른 콘셉트의 매장을 구성하게 돼요. 어떤 입지에 오픈하느냐에 따라 다르겠지만 최근의 흐름을 보면 백화점이 단순히 상품만을 파는 공간이 아니라, 고객들이 오랜 시간 체류하며 다양한 경험을 할 수 있는 복합 쇼핑 공간으로 바뀌고 있어요. 이러한 관점에서 기회가 주어진다면 기존의 고정관념을 뛰어넘는 새로운 복합 라이프스타일 쇼핑 공간을 만들어보고 싶어요.

현재 일을 잘 수행하기 위해
따로 노력하고 있는 것이 있나요?

편 현재 일을 잘 수행하기 위해 따로 노력하고 있는 것이 있나요?

임 백화점바이어는 다방면으로 많이 알아야 하고 트렌드에 민감해야 해요. 그래서 트렌드에 관해 정리해 놓은 리포트가 있으면 당연히 봐야 하죠. 매년 발간되는 트렌드 리포트 관련 서적도 꼭 사서 봐요. 그리고 여러 분야의 다양한 사람을 많이 만나서 늘 새로운 정보에 밝아야 하고요. 스스로 깨닫는 데에는 한계가 있기 때문에 많은 사람들을 만나서 다양한 정보를 습득하고 깨우쳐가야 하는 거죠.

업계에서 영향력이 있거나 참고할 만한 사람들과의 미팅을 통해 현장의 얘기도 듣고요. 누군가 신세계백화점에 갔는데 이러이러한 부분은 불편하더라 하는 얘기를 들으면 우리도 깨닫지 못한 것을 볼 수 있게 되는 거죠. 이런 제안들이 좋은 정보가 돼서 올바른 의사결정을 하는데 큰 도움을 주고 있어요. 엉뚱한 의사결정을 하지 않도록 해주는 방패막이 되기도 하고요. 업종 자체가 우리의 삶과 맞닿아 있기 때문에 많은 의견을 듣고, 사람들의 생활 방식에 관심을 둬야 해요.

🔳 여러 분야의 사람들을 만나야 하니 외모에도 신경을 써야 할 거 같아요.

🔳 네. 당연히 그렇죠. 백화점 근무자로서 세련된 이미지를 주기 위한 노력을 많이 해요. 꼭 비싼 옷이 아니더라도 요즘 유행하는 스타일에 맞게 맞춰 입으려고 신경을 많이 쓰죠. 셔츠 같은 경우도 예전에는 품이 좀 있는 드레스 셔츠를 입었다면, 요즘은 슬림핏의 캐주얼 셔츠를 입어요. 처음에는 불편했는데 입다 보니 지금은 슬림핏이 훨씬 편해요. 자연히 몸매 관리에 신경을 쓰게 되어 더 좋기도 하고요.

🔳 감각을 키우고, 세련된 취향을 유지하는 방법이 있나요?

🔳 특별한 비결은 없어요. 일상생활에서 늘 관심을 갖고 다양한 경로를 통해 정보를 습득하는 것이 중요하죠. 인기가 많은 드라마나 영화 같은 것을 보면서 주인공의 옷차림이나 소품을 관심 있게 살펴보는 것도 좋은 방법이에요.

해외출장 기회가 많은가요?

편 해외출장 기회가 많은가요?

임 백화점바이어는 해외출장이 많긴 한데 정기적으로 있지는 않아요. 업무 차원에서 나가는 경우도 있고, 해외 시장조사 차원에서 나가는 경우도 종종 있어요. 이렇게 필요에 따라 해외로 출장을 가는데 타 업종에 비하면 상대적으로 많이 나가는 편이죠. 앞에서 말씀드렸던 해외상품의 직매입바이어들은 상품 발주를 위해 일 년에 몇 번씩 정기적으로 해외출장을 가기 때문에 저희보다 출장 횟수가 많고요.

특별히 힘들거나 어려운 점이 있나요?

편 특별히 힘들거나 어려운 점이 있나요?

임 조율하는 과정이 제일 어려워요. 점포와 협력회사, 고객과 회사의 요구 사이에서 이상적인 접점을 찾는 것이 어렵죠. 예를 들어 해외의 우수 사례를 우리가 구현하고 싶다고 해서 노력을 하더라도 100퍼센트 구현하기는 쉽지 않아요. 현실과 이상의 갭을 줄이는 것은 어려운 일이거든요. 협력회사의 충분한 공감을 얻고, 신규점포를 입점할 때 우리가 생각하는 사업의 성공이 협력회사의 성공으로 이루어질 수 있도록 조율하는 것이 필요해요.

따라서 우리와 협력회사 모두 상생할 수 있는 방법을 찾아야 하는데 그 접점을 찾는 것이 매우 중요해요. 우리가 원하는 브랜드가 있는데 적절한 협력회사를 찾기 어렵다면 구성한 계획이 어그러질 수 있기 때문이에요. 그래서 다른 대안을 찾기 위해 직매입을 하기도 해요. 그렇지만 이 역시 협력회사와 충분한 협의가 이루어져야 일을 진행할 수 있기 때문에 이를 조율하는 것도 힘든 일 중 하나예요. 또한 우리나라에서 한 번도 시도하지 않은 일을 진행할 때는 더더욱 힘들고요.

최근 신세계백화점에서 시코르^{CHICOR}라는 화장품 직매입 브랜드를 만들었는데 이 브랜드에서 기존에 우리나라에 수입되지 않은 화장품을 들여왔어요. 이런 화장품의 경우 대중화된 브랜드가 아니라 몇몇의 마니아층에 의해 소비되기 때문에 에이전트가 따로 없어요. 아직은 큰 수익으로 연결되지 않기 때문이에요. 그렇기 때문에 고객의 니즈가 있다면 에이전트를 두지 않고 백화점에서 직접 찾아서 넣어요. 타 백화점과 차별점을 두고 적은 수의 고객이라도 떠나보내지 않기 위함이죠. 신세계백화점에서만 구매할 수 있는 제품을 만들자는 것이 신세계의 정책이거든요.

편 그 외에 신세계백화점에만 가야 만날 수 있는 브랜드가 있나요?

임 분더샵과 같은 해외 브랜드 편집 매장도 있고, 블루핏과 같은 진&캐주얼 편집 매장도 있죠. 최근에는 합리적인 가격의 캐시미어 전문 브랜드인 델라라나^{Della Lana}라는 브랜드를 런칭하기도 했어요. 존루이스^{John Lewis}라는 생활용품 브랜드도 직수입해서 직접 운영하고 있고요.

백화점 PB, 존루이스 매장

편 알려지지 않은 브랜드는 매출이 적을 것 같아요.

임 매출을 고려하기보다는 희귀한 브랜드가 신세계백화점에
만 있다는 것으로 타 백화점과 차별화시키기 위한 전략인 거
죠. 이런 상품을 사든 사지 않던 저희 백화점에만 있다는 것을
고객에게 알리기 위한 것이 목표예요. 이러한 브랜드의 역할

은 고객들로 하여금 차별화를 느낄 수 있도록 하는 것이죠. 고객들은 신세계백화점에만 입점해 있는 브랜드의 상품을 구매하기 위해 방문할 테고, 후에 식품 코너나 다른 매장을 방문할 수 있기 때문에 희귀 브랜드를 통한 파급력이 크다고 판단하는 거예요. 그래서 이러한 시도를 계속하고 있고 이것이 백화점이 나아갈 길이라고 생각해요.

편 브랜드가 입점하게 되면 직원 구성이나 인테리어는 백화점에서 하는 건가요?

임 브랜드 고유의 콘셉트에 따라 인테리어를 진행하는 경우 보통은 협력회사가 하게 돼요. 브랜드마다 협의에 의해 매장 위치, 면적, 인테리어 비용 등의 입점 조건을 결정하고 사전 계약에 의해 진행하게 되는 거죠.

편 일이 힘들다고 중간에 그만두는 사람은 없나요?

임 그런 사람은 거의 못 봤어요. 신세계백화점이 지금은 규모가 많이 커져서 예전보다 상대적으로 일을 하기가 수월해졌는데 제가 입사할 당시에는 지금보다 규모가 작았어요. 매장도 본점, 영등포점, 미아점, 천호점 정도만 있었고 위치도 좋지 않았어요. 타 백화점보다 규모가 작았기 때문에 협력회사와 일하는데도 어려움이 많았죠. 그때는 당연한 줄 알고 일을 했었는데 시간이 지나고 보니 어떻게 그렇게 일했나 싶어요.

저는 이 일을 처음부터 좋아한 게 아니라 일을 하다 보니 좋아지게 된 경우예요. 이 일을 좋아하려고 노력을 많이 했어요. 내가 이 일을 선택했고, 내가 하고 있는 일이었기 때문이에요. 내가 하고 있는 일의 장점을 많이 보려고 노력했고, 그러다 보니 긍정적인 자세로 일을 하게 되었죠. 어려운 미션이 주어졌을 때 처음에는 힘들기도 했지만 당연히 해야 하는 일로 받아들였기 때문에 일을 하면서는 크게 힘들지 않았어요. 후에 일을 성공적으로 마치면 보람도 느끼니 자연스레 좋아지게 됐죠. 재미있게 일했다는 표현보다는 크게 힘들지 않게 일했다는 표현이 맞는 것 같아요. 급여나 복리후생 같은 근무 조건도 좋은 편이고요.

편 남자보다는 여자가 더 잘할 수 있는 일 같기도 해요.

임 그럴 수 있어요. 신세계백화점의 경우 최근엔 여성 바이어의 비율이 50퍼센트 가까이 차지하고 있어요. 여성이 남성보다 패션이나 쇼핑, 라이프스타일에 관심을 갖는 경우가 많거든요. 그렇지만 백화점바이어 업무를 수행하는 데 있어서는 남녀라는 성별에 편견을 둬서는 안 돼요. 백화점바이어는 대외적인 업무가 많기 때문에 여성이든 남성이든 동일하게 대외적인 업무를 많이 해야 해요. 그러니 만약 성격이 내성적이고 사람 만나는 것을 좋아하지 않는 경우는 이 직업과 맞지 않을 것 같아요. 성별을 떠나 약간 와일드하고 성격도 서글서글한 분들이 이런 업무를 잘 해내더라고요.

편 기존엔 남자 직원들이 많았나요?
임 제가 입사할 때만 해도 남자 직원이 압도적으로 많았지만 요즘은 반반이에요.

편 여성복 브랜드는 입점할 때 어떤 기준으로 고르나요?
임 가장 중요한 것은 차별성이에요. 브랜드의 아이덴티티죠. 브랜드만의 확실한 색깔이 있어야 해요. 예전에는 어떤 브랜드를 갖다 놓더라도 워낙 장사가 잘됐기 때문에 브랜드를 선택할 때 고민을 많이 할 필요가 없었어요. 그런데 지금은 너무나 많은 브랜드와 유통업체가 있기 때문에 고객들이 선택할 수 있는 폭이 넓어졌죠. 그리고 변화가 빠르기 때문에 예전처

컨템퍼러리 매장

럼 일을 해서는 절대 안돼요. 두 번째로 중요한 것은 가성비예요. 고객들의 합리적인 소비성향이 강해지고 있기 때문에 품질과 디자인은 좋으면서 가격이 비싸지 않은 브랜드를 선호하죠. 그 다음이 협력회사의 안정성과 발전 가능성이고요.

　　그래서 요즘은 컨템퍼러리 장르가 각광받고 있어요. 컨템퍼러리는 명품보다 60퍼센트에서 70퍼센트 저렴한 가격에 괜찮은 퀄리티를 가지며, 디자이너의 색깔이 잘 나타나 있는 장르예요. 띠어리^{Theory}, 질스튜어트^{JILLSTUART}, DKNY 같은 브랜드가 컨템퍼러리 브랜드라고 보면 돼요. 너무 고가의 브랜드는 성장이 둔화되고 있는 추세예요. 국내 브랜드는 양극화되고 있고요. 컨템퍼러리 브랜드와 같이 자신만의 확실한 아이텐티티를 가지고 있는 브랜드들이 있고, 그 밑은 철저하게 가성비로 결정돼요. 가격이 좋아야 하는 거죠.

요즘 고객들은 몇 군데 매장을 쭉 돌아본 후 괜찮은 상품이 있으면, 유사한 상품의 브랜드 가격은 얼마인지 등을 살펴본 후 저렴한 가격의 브랜드에서 구매하는 경우가 대부분이에요. 요즘 고객의 쇼핑과 패션에 관한 수준이 예전에 비해 상당히 올라가 있죠. 소득수준이 높아지고 쇼핑의 경험도 많기 때문에 어떤 브랜드가 디자인이 좋고 가격도 좋은지 고객이 다 알아요.

예전엔 별다른 전략 없이 브랜드를 배치하거나 매장을 구성했는데 지금 그렇게 한다면 대번에 티가 나요. 그래서 백화점 바이어들은 깊이 있게 브랜드를 조사하고 관찰해요. 브랜드도 콘셉트가 조금씩 바뀌기 때문에 포지셔닝 맵^{Positioning-Map}을 다시 구성해야 하는데 이러한 작업은 일 년에 한 번씩 진행돼요.

성취감을 느끼는 순간이 있나요?

편 성취감을 느끼는 순간이 있나요?

임 신규점포를 만드는 건 큰 프로젝트이기 때문에 마치고 나면 엄청난 성취감을 느껴요. 영업적인 측면에서는 협력회사와 상생하며 함께 성장할 수 있는 관계가 됐을 때 뿌듯하고요. 또한 우리로 인해 협력회사가 성장을 하게 되면 보람을 느껴요. 협력회사 관계자들이나 고객들이 제 노력을 좋게 평가해줄 때도 백화점바이어로서 굉장한 기쁨과 보람을 느끼죠.

Alexander McQueen
Alexander Wang
Chiara Ferragni
Dolce & Gabbana
Diesel
Dries Van Noten
Emporio Armani
Proenza Schouler

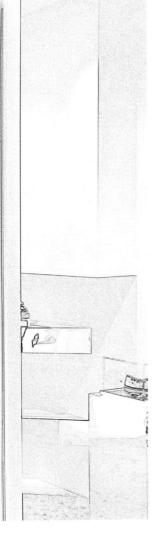

백화점바이어가
되는 방법

사물을 있는 그대로 받아들이기보다는 호기심을
가지고 대하고 고정관념이나 편견을 버리는 게
좋아요. 유통 자체가 변화가 많은 분야이기 때문
에 호기심과 관심이 많고 감각이 뛰어난 친구들
이 유리하거든요. 무엇인가를 사고, 무엇인가를
먹는 등의 소비행위 즉, 맛집을 찾아다니거나, 유
명한 쇼핑 스팟에서 쇼핑하는 경험 자체가 나중
에 백화점바이어 업무를 수행하는데 도움이 될
거예요.

백화점바이어가 되기 위한 방법을 알려주세요.

편 백화점바이어가 되기 위한 방법을 알려주세요.

임 일반적으로 백화점바이어를 별도로 채용하는 경우는 많지 않아요. 보통은 백화점의 신입사원 채용과정을 거쳐 바이어가 되죠. 지원 시 본인의 희망 직무를 표시하게 되는데 크게 매입, 영업, 지원 업무로 나뉘죠. 백화점바이어 업무를 희망하는 분이라면 본사 매입 업무를 지원하면 돼요. 하지만 이후에 본인의 희망에 따라서 직무가 변경되기도 해요.

매입 업무를 지원해서 채용이 된다 하더라도 보통은 매장에서 일정 기간 현장 업무를 수행한 후 자질과 능력을 검증받은 후에 본사의 바이어로 갈 수 있어요. 이 업무는 바이어가 되기 위해서는 반드시 거쳐야 하는 과정이에요. 현장을 아는 것이 바이어 업무를 수행하는데 큰 도움이 되기 때문이에요. 매장 관리 업무를 하다가 AS바이어부터 시작하는 게 일반적이고요. 지원자가 이 분야에 대한 적성이 있고, 공부를 해놓으면 대부분 바이어로 채용되곤 해요.

브랜드바이어와 직매입바이어 모두 이러한 과정을 거쳐 채용되지만, 직매입바이어의 경우 경력직으로 채용되는 경우도 있어요. 관련 전공과 커리어가 있으면 신세계백화점 외부에서 채용하기도 하죠. 또는 브랜드바이어를 하다가 직매입바이어로 전환할 수도 있고요.

편 한번 채용할 때 몇 명 정도 채용하나요?

임 인사제도가 매년 조금씩 달라지긴 하지만 현재는 매입 업무 채용과 매장 관리 채용으로 나뉘어져 있어요. 매입 업무에 지원해야 바이어가 되는 길로 갈 수 있고, 보통은 한번 채용할 때 칠십 명에서 팔십 명 정도 뽑아요. 1차 서류 전형에 서류가 만 장에서 만 오천 장 정도 들어와요. 서류 심사를 통해 상당 부분 추려지고 그중 삼백 명에서 사백 명 정도 면접을 보죠. 최종적으로 칠십 명에서 팔십 명 정도를 채용하는데 그 중에 영업 인원은 40퍼센트 정도예요. 비중을 보면 매장 관리 업무가 높고, 매입 업무는 상대적으로 적죠. 나머지는 마케팅, 지원, 재무 등으로 나누어지고요.

그런데 매장 관리를 지원했다고 해서 모두 바이어가 될 수 없는 건 아니에요. 일단 지원자의 성향이나 의견을 존중해서 지원한 업무에 우선 배치되지만 입사 후 본인의 역량과 성향, 면담 내용을 고려하여 재배치되곤 하죠. 기본적으로 백화점 업무에 관심이 있는 사람이 지원해야 하고 채용된 후에는 다양한 업무의 기회가 열려있어요.

편 인턴으로 근무해야 정직원으로 채용되나요?

임 보통 방학 기간 중 인턴 실습을 2개월 하고 다시 최종 면접을 봐요. 대부분 정직원으로 전환되지만 가끔 탈락하는 직원도 있긴 하더라고요.

편 면접관으로 참여한 적이 있다고 하셨는데 가장 중요하게 보는 점은 뭔가요?

임 제가 가장 많이 물어보는 질문은 지원하게 된 동기, 적성이에요. 대부분 백화점과 쇼핑에 관심이 많다고 대답하는데 면접관들은 진심인지 아닌지 다 알아요. 그 다음으로 보는 게 성격이에요. 외향적이되 차분한 스타일, 절제가 있는 외향적인 사람을 선호하죠.

편 백화점바이어는 어떤 기준으로 평가받나요?

임 양적인 면과 질적인 면을 모두 평가받아요. 양적으로는 본인이 관리하는 영역의 영업적인 성과를 기준으로 봐요. 질

적으로는 개편을 얼마나 효율적이고 성공적으로 수행했는가
하는 점과 새로운 상품이나 브랜드 개발을 얼마나 충실히 하
고 그로 인한 성과가 있었는지 등의 다양한 요소를 보고요.

백화점바이어가 되기에 유리한 전공이 있나요?

편 백화점바이어가 되기에 유리한 전공이 있나요?

임 백화점바이어가 되기 위한 채용심사에서 전공에 대한 특별한 제한은 없어요. 그렇지만 최근 동향을 보면 의류학이나 의상학 같은 패션과 관련된 전공자가 조금 유리한 것 같아요. 하지만 저만 해도 패션과 전혀 관계없는 경제학을 전공했는데 업무를 수행할 때 큰 문제는 없어요. 다만 비전공자들이 전공자에 비해 관련 지식이 부족하기 때문에 더 노력해야겠죠.

채용과정도 소정의 서류심사를 거치게 되면 졸업한 학교나 전공 등의 인적사항을 모르는 가운데 블라인드 형태의 면접 과정을 거치게 돼요. 면접 과정에서는 유통업에 대한 이해도라든가 패션 분야에 대한 적성과 관심, 열정과 의지 같은 부문을 많이 보게 되죠. 다만 신세계백화점 그룹 입사로 채용을 하다 보니 다른 대기업처럼 경쟁률은 매우 치열한 편이에요.

저도 인턴사원 채용 시 면접관으로 몇 년간 참여했었는데 너무 경쟁이 치열하고 우수한 인력이 많아 깜짝 놀라는 경우가 많았어요. 제가 입사할 때도 경쟁이 없었던 건 아니지만 요즘 같아서는 저도 입사하기 어렵지 않을까 하는 생각을 하면

서 안도의 한숨을 쉬게 되는 경우도 있어요.^^

백화점바이어가 되기 위해 필요한 자격이 있나요?

편 백화점바이어가 되기 위해 필요한 자격이 있나요?

임 자격증이 필수 요소는 아니에요. 플러스 알파 정도로 보면 돼요. 입사할 때 참고가 되긴 하고, 회사 내에서 업무를 하는데 도움이 될 수도 있겠죠. 그렇지만 반드시 있어야 하는 건 아니에요.

백화점바이어가 되려면 외국어도 잘해야 하나요?

편 백화점바이어가 되려면 외국어도 잘해야 하나요?

임 잘해야 해요. 제가 입사할 때만 하더라도 해외 브랜드가 많이 없어서 외국어를 쓸 일이 많지 않았는데 아무래도 요즘은 해외 브랜드도 많고 해외 사례를 참고하는 경우가 많아서 전보다는 중요하게 여기고 있어요. 그러니 어느 정도의 외국어 실력은 필요해요. 그렇지만 요즘 지원자들은 모두 외국어를 잘해서 엄청난 차별점이 되는 것 같지는 않아요.

백화점바이어가 되려면 라이프스타일 전반에 대한 지식이 많아야 하나요?

편 백화점바이어가 되려면 라이프스타일 전반에 대한 지식이 많아야 하나요?

임 라이프스타일 전반에 대한 식견과 관심을 가지고 있으면 도움이 되긴 해요. 그렇지만 이게 겉으로 드러나는 게 아니라서 퍼포먼스로 보여줘야 해요. 예를 들어 정기적으로 리포트를 제출해야 하는데 이런 지식이 많다면 다른 사람보다 특별한 제안이나 참신한 아이디어를 낼 수 있는 요소가 많겠죠. 콘텐츠가 없으면 아이디어가 나올 수 없거든요.

현재 신세계백화점이 기존의 틀에서 벗어나 여러 가지 새로운 시도를 하고 있기 때문에 다양한 아이디어가 필요해요. 아이디어가 없으면 인정받기가 힘들어요. 라이프스타일의 트렌드를 잘 읽고, 새로운 아이디어와 생각이 많다면 채용되는 데 유리하죠.

백화점바이어에게 필요한 자질은 무엇인가요?

편 백화점바이어에게 필요한 자질은 무엇인가요?

임 여러 가지가 있는데 업무 전문성을 기본으로 하고 그 외에 다른 요소를 본다면 첫 번째는 열정이에요. 항상 새로운 걸찾고 제안할 수 있는 열정과 노력이 있어야 하죠. 우리가 하는업무를 보면 명확하게 정답을 내릴 수 없는 일이 많아요. 그리고 자칫 안이하게 일하다 보면 별다른 활동을 안 해도 그냥 흘러가기도 해요. 그렇기 때문에 누군가 지시를 해야만 움직이는 스타일이라면 발전이 없겠죠. 자발적으로 늘 새로운 것을 시도하려는 열정이 있어야 성장할 가능성이 충분히 있어요.

두 번째는 책임감이에요. 전 점포의 업무를 총괄해 책임지는 실무자이기 때문이에요. 세 번째는 너그러운 인성과 협상력이에요. 협력회사를 상대하는 일이 많기 때문이죠. 평상시 대외활동이 많기 때문에 인간적인 매력도 있으면 좋아요. 이렇게 다방면의 요소를 갖춰야 하죠. 이 모든 게 갖춰진다면 아주 훌륭한 바이어가 될 수 있을 거예요.

청소년기에는 어떤 경험을 하면 좋을까요?

[편] 청소년기에는 어떤 경험을 하면 좋을까요?

[임] 학창시절 성적이 좋았다고 잘할 수 있는 업무는 아니에요. 기본적으로 외향적이고 사물이나 사람에 대한 호기심과 관심이 많은 사람이 유리해요. 어떻게 보면 너무 공부만 한 사람보다는 대외적인 활동에 관심이 많은, 잘 놀았던 사람이 좋을 수 있어요.

사물을 있는 그대로 받아들이기보다는 호기심을 가지고 대하고 고정관념이나 편견을 버리는 게 좋아요. 유통 자체가 변화가 많은 분야이기 때문에 호기심과 관심이 많고 감각이 뛰어난 친구들이 유리하거든요. 무엇인가를 사고, 무엇인가를 먹는 등의 소비행위 즉, 맛집을 찾아다니거나, 유명한 쇼핑 스팟에서 쇼핑하는 경험 자체가 나중에 백화점바이어 업무를 수행하는데 도움이 될 거예요.

요즘 핫한 곳이 어딘지 물어봤을 때 바로바로 답이 나오는 친구는 그만큼 관심이 많다는 거예요. 공부가 전혀 중요하지 않다는 얘기는 아니지만 공부만 하고 대외활동이 없었던 친구는 백화점 업무가 맞지 않을 수도 있거든요.

편 아무래도 대기업이다 보니 학벌이 중요할 것 같아요.

임 백화점도 그룹의 채용기준을 따라야 하므로 어느 정도 공부를 해야 하긴 해요. 그렇지만 기업마다 채용할 때 대학별, 지역별로 안배를 해요. 무조건 좋은 레벨의 학교라고 다 뽑지는 않는 거죠. 면접은 100퍼센트 블라인드 면접이기 때문에 출신 학교와 전공을 전혀 모르는 상태에서 보게 되어 있어요. 면접에서는 학벌보다는 이 업무에 적합한 성향인지를 보게 돼요. 이 부분이 제일 중요한 요소죠. 외향적인 사람을 뽑기 위해 학창시절에 어떤 활동을 했는지 묻는 경우가 많아요. 이 분야에서 필요한 특수한 성향이나 영역이 있기 때문이에요. 이 인재상과 잘 맞지 않는 지원자는 채용이 되어도 그만두는 경우가 많아요. 반대로 전공을 하지 않았더라도 이 분야에 걸맞은 성향을 가진 지원자가 채용되면 일도 잘하고 적응하는 데 빨라요.

편 채용과정은요?

임 채용과정은 백화점마다 조금씩 다를 거예요. 신세계백화점의 경우 서류 전형에서 통과하면 1, 2차 면접이 있어요. 제가 면접관으로 들어간 건 1차 면접이었어요. 팀장급이 1차 면접을 보고, 2차 임원 면접을 거쳐서 인턴이 돼요. 인턴으로 2개월 근무 후 최종 면접이 있고요.

유학이 필요한가요?

편 유학이 필요한가요?

임 필수는 아니에요. 면접은 블라인드 형태로 진행되기 때문에 이 지원자가 유학을 다녀왔는지 여부는 전혀 알 수가 없죠. 물론 면접을 하다 보면 알게 되는 경우는 있어요. 그리고 유학을 다녀왔다고 해서 유리한 점은 전혀 없어요. 전문성이 필요해서 유학을 다녀온 지원자를 채용하는 전형도 있긴 하지만, 일반적인 채용에서는 반드시 필요하진 않아요.

편 파워블로거는 채용되는데 유리한가요?

임 파워블로거의 경우 일반적인 채용과정을 거쳐 입사하는데는 어려움이 있을 수 있어요. 일반 채용보다는 별도의 경력직 채용에 지원하는 것이 유리할 수 있죠. 요즘에는 간혹 회사에서 먼저 접촉해서 스카우트하기도 해요. 자주 있는 일은 아니지만 점차 증가하고 있고요. 파워블로거 쪽에서 백화점 입사에 관심이 있다면 본인의 커리어를 가지고 먼저 인사 쪽에 제안을 해보는 것도 괜찮을 것 같아요. 대부분의 사람들이 경력직 채용에 대해 잘 모르기 때문에 먼저 제안하는 것이 유리할 수 있어요.

편 그럼 파워블로거는 바이어 업무를 수행하는데 적합한 자질이 있다고 판단되나요?

임 몇몇 파워블로거들은 전문성은 충분히 가지고 있다고 판단돼요. 그러나 프리랜서가 아닌 조직 안에 속해야 하므로 이 안에서 잘 어우러질 수 있는지를 봐야 해요. 예전보다는 전문성이 있는 사람들을 많이 찾고 있어요. 회사에서도 바이어들에게 전문성을 가질 수 있도록 노력하라고 요구하고 있고요. 고객의 흐름이 빠르기 때문에 우리들이 가지고 있는 지식에는 한계가 있어요. 그러므로 해당 분야에 전문지식이 있는 파워블로거의 채용이 늘 것으로 보고 있어요. 그러니 이런 사람들 중 백화점 입사를 희망하는 사람들은 먼저 백화점에 접촉해보는 것도 좋을 것 같네요.

백화점바이어가 되면

백화점에 입사하게 되면 점포의 매장 관리 업무부터 시작하는 것이 일반적이에요. 저 역시도 처음 입사해서는 영등포점의 여성복 매장 관리자로 첫 업무를 시작했어요. 모든 바이어 업무의 근간은 매장, 즉 현장에 대한 이해에서 출발하기 때문에 이 시기는 바이어 업무를 하는데 있어 매우 중요한 학습의 시기라고 할 수 있어요.

백화점에 입사하면
언제부터 바이어 업무를 시작하나요?

편 백화점에 입사하면 언제부터 바이어 업무를 시작하나요?

임 보통 백화점에 입사하게 되면 점포의 매장 관리 업무부터 시작하는 것이 일반적이에요. 저 역시도 처음 입사해서는 영등포점의 여성복 매장 관리자로 첫 업무를 시작했어요. 모든 바이어 업무의 근간은 매장, 즉 현장에 대한 이해에서 출발하기 때문에 이 시기는 바이어 업무를 하는데 있어 매우 중요한 학습의 시기라고 할 수 있어요.

영업 업무는 크게 두 가지가 있는데 하나는 매입, 또 하나는 매장 관리예요. 매입 업무가 궁극적으로 바이어를 지향하는 직군인데 이 또한 현장 경험이 필요하기 때문에 최소 일 년 이상 매장 관리 업무를 하게 돼요. 일 년이 지나고 반드시 본사로 들어가는 건 아니지만 본인이 희망하고 현장 관리자로서 역량을 충분히 발휘하면 본사로 들어가는 게 일반적이에요.

편 매장 관리 업무는 어떤 건가요?

임 현장에서 영업활동을 수행하는 일을 말하며 광고 문안 작성, 행사 매장 관리, 팝업 매장 운영 등 매장 오퍼레이션과 관련된 다양한 일들을 하게 돼요. 협력회사에서 많은 직원들이 파견돼서 들어오기 때문에 사원들의 서비스 교육도 담당해요. 한마디로 영업, 마케팅, 사원 관리 등을 하는 거죠. 현장 관리의 좋은 점은 직접 매장에서 브랜드와 상품을 만나기 때문에 어떤 상품이 고객에게 호응을 얻고 판매되는지를 직접 눈으로 볼 수 있다는 거예요. 이런 경험이 바이어 업무를 수행하는데 큰 도움이 될 거예요.

편 백화점의 꽃은 바이어인가요?

임 네. 저는 그렇게 생각해요. 영업부서로 한정한다면 더욱 그렇고요. 본사에서 전 점포를 컨트롤하는 위치에 있다 보니 그렇기도 하고 바이어 업무야말로 백화점이기 때문에 존재하는 영역이라는 점에서 더욱 그렇다고 생각해요.

연봉은 어느 정도인가요?

편 연봉은 어느 정도인가요?

임 금융업보다는 초봉이 낮고, 일반적인 대기업과 비교하면 비슷하거나 약간 높은 것 같아요. 인사체계가 밴드제도로 바뀌면서 초봉이 조금 더 올랐다고 들었어요.

편 해마다 연봉계약을 하는 건가요?

임 네. 인사고과에서 상위 고과를 받으면 계속 가산이 되고 이 점수가 유지돼요. 따라서 같은 직급이라고 해도 연봉 차이가 생기게 되죠. 조직은 수평적으로 가되, 개인 역량에 따라 연봉 차이가 날 수밖에 없는 구조예요. 성과를 중시하는 쪽으로 바뀌고 있는 거죠. 수직적인 조직관계는 없어지고 있고요. 하위 고과를 받으면 점수가 깎이기도 하는데 이런 경우는 드물고 동결로 진행되곤 해요.

승진 체계를 알려주세요.

편 승진 체계를 알려주세요.

임 신세계그룹은 2년 전부터 대리, 과장, 부장과 같은 직급이 없어졌어요. 대신 4단계에 걸친 단순화된 직급체계로만 구성된 밴드제도가 운영되고 있어요. 대부분 공식적으로 파트너라고 부르고, 파트너 중에서 일정수준 이상이 되면 CP^{Chief Partner}라고 불러요. 그 후에 팀장을 거쳐 임원이 되는 시스템이에요. 업무를 수평적으로 진행하기 위해 운영되는 제도죠. 직급체계가 단순화되어 있고 같은 직급이라고 해도 평가에 따라 연봉은 다 달라요.

백화점바이어는 보통 일반회사의 직급으로 보면 주임에서 과장 정도의 경력에서 업무를 수행하게 되고, 그 이후에는 바이어를 관할하는 본사의 매입팀장이 되거나 점포의 영업팀장으로 근무하게 돼요. 저도 여성복 매입팀장 업무를 2년간 수행하고 현재는 신규점포의 영업팀장으로 근무하고 있어요. 쉽지는 않지만 그 이후에는 회사원들의 로망인 임원 승진을 앞두게 되는 거지요. 누구나 되는 것은 아니지만요. ^^

근무 시간은 어떻게 되나요?

편 근무 시간은 어떻게 되나요?

임 출근은 8시 30분이고 퇴근이 6시예요. 보통 이 근무 시간은 지켜지고요.

편 휴일에도 일하나요?

임 공식적으로는 근무하지 않아요. 하지만 매장 관리를 할 경우 주당 2일은 반드시 쉬는데 휴무일이 각자 달라요. 돌아가면서 쉬는 날을 정하죠. 저 같은 경우도 현재 매장에 나와 있기 때문에 일요일과 월요일이 휴무예요. 연차도 다 사용할 수 있고요. 본사는 월요일에서 금요일까지 일하는 주 5일 근무제로 시행돼요. 또한 점포 정기휴무가 한 달에 한 번, 월요일에 있는데 이때는 본사 직원들도 다 쉬어요.

편 왜 백화점은 월요일에 쉬나요?

임 고객이 주말에 가장 많이 방문하기 때문에 주말이 제일 바쁘죠. 그래서 바쁜 주말에는 일을 하고 다음날인 월요일에 쉬는 거죠. 또 월요일은 고객이 가장 적은 때라 영업적인 측면으로 봤을 때 월요일 매출이 가장 적기 때문에 그날 쉬는 거예요. 고객을 상대로 하는 직무이다 보니 방문 패턴에 맞춰 고객이 많이 방문하지 않을 때 쉬는 거죠. 그리고 이미 많은 고객들에게 월요일은 백화점이 휴무라는 인식이 각인되어 있어서 휴무일을 모르고 월요일에 방문하는 고객은 많지 않아요.

편 주말에 매출이 가장 높은가요?

임 네. 주말에 매출이 가장 높고, 점점 더 증가하고 있는 추세예요. 매출이 평일 대비 2.2배에서 2.5배 정도 많은 편이죠. 신세계백화점은 대형 점포가 많고, 고객들이 좋아하는 체험형 시설들이 많기 때문에 일반 고객은 물론 가족을 동반한 고객들이 주말에 많이 방문해요.

근무 여건은 어떤가요?

사무실 환경이나 복장, 복지 등의 근무 여건은 어떤가요?

남자 직원의 경우 본사의 출근 복장은 비즈니스 캐주얼이라 넥타이를 매지 않아요. 매장 직원은 넥타이를 착용해야 하고요. 고객을 상대하기 때문에 정중함을 갖추기 위함이죠. 여자 직원은 비즈니스 캐주얼이고요. 본사의 사무실 여건은 좋아요. 회사에서 직원 복지에 대해 많은 신경을 쓰고 있기 때문에 복지는 일반 대기업의 복지 수준이고요.

편 본사 바이어들은 외근이 많나요?

임 타 업종에 비해 외근 횟수가 많아요. 협력회사와의 만남도 많고 시장조사 등 대외활동이 많기 때문이에요. 품평회나 쇼 같은 행사에 참여하고 상담하는 경우도 많고요. 주로 오전에는 본사에서 일을 하고 점심 이후에 외근을 나가는 경우가 많아요.

편 접대도 많을 것 같아요.

임 신세계그룹은 10년 전부터 윤리경영을 하고 있어서 김영란법 수준 이상으로 내부적인 규약이 정착화되어 있어요. 그래서 소위 말하는 접대는 거의 없다고 보면 돼요. 사익에 사적인 요소가 들어가면 업무를 하기 어렵기 때문에 회사에서 엄격하게 규제하고 있어요. 사내 규정을 위반할 경우 징계를 받기도 해요.

직업병이 있나요?

편 직업병이 있나요?

임 이 일을 하다 보니 사람들의 활동이나 행동에 관심을 가지게 돼요. 또 하고 있는 일이 서비스 업종이라 어디에 가든 서비스에 민감하게 반응하고요. 그래서 불친절하게 대하면 잘 참지 못하는 것 같아요. 나도 모르게 서비스 등급을 매기게 되죠. 유통업에 종사하는 사람들끼리 어떤 매장을 방문하면 2~3분 안에 평가를 다 끝내요. 분위기나 인테리어는 이렇고, 서비스는 어떻고, 이런 식으로 평가를 하고, 괜찮은 매장은 백화점에 들어와도 좋을 것 같다는 얘기도 하죠.

편 패션쇼나 박람회 초청을 많이 받나요?

임 많이 받아요. 백화점바이어는 그런 경험이 필수예요. 매장 직원도 초대를 받곤 해요. 또 초대를 받으면 방문하는 것이 좋고요. 그런 곳을 다니며 내가 담당하고 있는 협력회사뿐만 아니라 다른 브랜드도 눈여겨봐야 하거든요.

다른 분야로 진출이 가능한가요?

편 다른 분야로 진출이 가능한가요?

임 유통업의 특성상 확장성이 있기 때문에 본인의 전문성과 경력에 따라 다른 분야로의 진출이 충분히 가능해요. 크든 작든 유통업체가 많이 있고, 협력회사에서도 백화점 경력이 있는 직원을 선호하는 경우가 많기 때문이에요.

나도
백화점바이어

백화점 층별 매장 구성해보기
+
내가 좋아하는 장르의 브랜드 포지셔닝 맵
작성해보기
+
새로운 유통 소매업 형태 제안해보기

백화점 층별 매장
구성해보기

백화점에 가본 적이 있나요? 그렇다면 여러분이 방문한 백화점은 층별로 어떻게 구성되어 있었나요? 다음의 형태가 가장 일반적인 구성이기 때문에 아마도 이런 형태의 백화점이 아닐까 싶은데요. 여러분이 백화점바이어가 되어 기존의 층별 구성에서 벗어난 새로운 형태의 공간을 제안해주세요. 또 그렇게 제안하는 이유는 뭔지 정리해보세요.

| 기존 백화점 층별 매장 |

7층	식당가
6층	진, 스포츠, 아웃도어
5층	남성
4층	여성 캐주얼, 란제리
3층	수입 의류, 여성 정장
1층	해외명품, 화장품, 구두, 핸드백, 주얼리
B1층	식품

| 내가 제안하는 백화점 층별 매장 |

7층	
6층	
5층	
4층	
3층	
1층	
B1층	

제안 이유:

한 사람의 스타일을 완성하는 데에는 복잡하고 다양한 요소가 영향을 미쳐요. 패션이나 뷰티뿐만 아니라 홈 데커레이션이 스타일의 척도가 되기도 하죠. 이러한 추세로 인해 영역이 확장되거나, 장르와 분야의 경계가 사라지기도 해요.

특정 스타일을 고수하는 건 지루해요. 각 층마다 콘셉트를 정하고, 모든 세대를 아우르며 다양한 취향을 가진 공간을 구성해보세요.

내가 좋아하는 장르의
브랜드 포지셔닝 맵 작성해보기

세상에는 수많은 브랜드가 있어요. 관심이 가거나 평소에 좋아
했던 장르의 브랜드를 골라 포지셔닝 맵을 작성해보세요.

| 내가 좋아하는 장르의 브랜드 포지셔닝 맵 |

High Price

Basic

Trendy

Low Price

포지셔닝 맵이란 몇 가지 기준지표를 사용해 소비자들의 마음 속에 있는 브랜드의 위치를 2~3차 공간에 작성한 지표로, 고객지각에 의해 도표화된 브랜드의 위치를 말해요.

포지셔닝 맵이 중요한 이유는 브랜드의 백화점 입점 시 상권과 고객의 특성에 따라 장르별 구성비를 달리하는데 이때 이 맵을 참고해서 구성하게 되기 때문이에요.

가장 일반적인 포지셔닝 맵은 X축 또는 Y축에 가격의 높고High 낮음Low을, 다른 축에는 구매 연령층의 높고Old 낮음Young, 또는 브랜드의 개성과 캐릭터의 강한 정도에 따라 트렌디Trendy함과 베이직Basic한 정도를 구분해서 표시하는 거예요.

백화점의 상권 분석 결과 소득수준이 높고, 젊고 트렌디한 고객이 많다면 해당 영역에 해당하는 브랜드를 조금 더 높은 구성비로 구성하게 되는 거죠.

새로운 유통 소매업 형태
제안해보기

기존 형태에서 벗어난 완전히 새로운 형태도 좋고, 기존 유통업에서 발전된 형태도 좋아요. 내가 생각하는 이상적인 유통 소매업의 형태를 제안해보세요.

| 새로운 유통 소매업 제안서 |

유통소매업의 종류는 너무나 다양하지만 대형규모의 유통소매업을 크게 구분하면 상대적으로 고급 고객을 대상으로 하고 패션을 중심으로 한 백화점Department Store, 식품, 일상용품 중심으로 대량 구매 등을 통해 상시로 낮은 가격에 판매하는 할인점Discount Store, 패션 브랜드의 재고상품이나 기획상품 등을 항시 낮은 가격에 판매하는 아울렛Outlet, 특정 아이템이나 제품을 특화해서 한곳에 모아 판매하는 전문점Specialty Store, 판매시설 외에 식음과 엔터테인먼트 등의 서비스 시설이 강화되어 구성된 쇼핑몰Shopping Mall, 쇼핑몰과 다른 소매업 형태가 결합된 복합쇼핑몰Complex Shopping Mall 등이 있어요.

백화점바이어
업무 엿보기

백화점 신규 오픈 과정

입지 선정, 점포 개발

+

점포 포지셔닝, 콘셉트 설정, 버티컬 구성

+

브랜드 포지셔닝

+

브랜드 입점

백화점 신규 오픈 과정

실제 백화점은 어떤 과정을 거쳐
만들어지는지 알아볼까요?

입지 선정, 점포 개발

백화점이 만들어지기 위해서는 다양한 분야의 지식과 경험이 필요해요. 다양한 상품과 브랜드에 대한 지식은 물론 부동산부터 디자인, 인테리어까지 섭렵해야 하니 가히 종합예술이라고 해도 과언이 아니죠. 가장 기본이 되는 일은 입지 선정과 점포 개발이며, 이는 기획부서에서 진행해요. 먼저 상권분석을 통한 입지를 선정하고, 입지가 선정되면 그 점포의 콘셉트를 어떻게 잡을 것인가를 고민해야 해요.

점포 포지셔닝, 콘셉트 설정, 버티컬 구성

상권과 고객 특성을 고려한 점포의 포지셔닝과 기본 콘셉트를 설정하는데, 소위 어떤 그레이드의 포지션으로 들어갈 것인가를 정하는 것이죠. 서울 강남점에 들어가는 것과 외곽 상권, 지방 상권에 들어가는 콘셉트는 다 다르겠죠. 아주 고급 백화점이냐, 대중을 상대로 하는 매스 백화점인가를 정하고, 후에 버티칼을 구성해요. 버티칼 구성이란 설정된 콘셉트에 따른 층별 매장 구성 계획을 확정하는 일로, 1층엔 무엇을 넣고, 2층엔 무엇을 넣을지를 백화점바이어와 기획부서가 함께 정해요.

브랜드 포지셔닝

버티칼이 구성되면 각 장르별로 백화점바이어의 영역이 정해
져요. 이후 어떤 브랜드와 콘셉트로 구성할 것인가는 백화점
바이어가 결정하고요. 점포 성격에 맞추어 본인이 맡은 장르
의 콘셉트 포지셔닝을 하게 되죠. 예를 들어 고급 상권에 들어
가면 고급 브랜드를 주로 구성하고, 상대적으로 매스 상권에
들어가면 합리적인 가격의 브랜드를 구성해요.

브랜드 입점

브랜드 포지셔닝 과정이 끝나면 다들 모여서 구성이 적정한지 회의를 해요. 그리고 타 장르와의 연관성이나 코디력을 살펴봐야 하죠. 이 단계는 시간이 많이 걸리는 중요한 과정이에요. 조율을 통해 일정 부분 결정이 되면 브랜드 배치 전략을 수립하고, 그 브랜드와 입점 타진 협상을 하게 돼요. 입점 조건을 협의하는 거죠. 협의가 끝나면 점포 콘셉트 및 장르별 특성에 따른 인테리어와 디자인 계획을 확정하고 매장 공사까지 끝나면 하나의 백화점이 완성돼요.

백화점 완공

편 백화점 신규 오픈 과정을 보니 바이어들의 역할이 정말 크네요. 모든 과정을 바이어들이 하는 건가요?

임 그건 아니고요. 여러 검토 과정을 거쳐 신규 점포 출점 계획이 결정되면 통상 기획부서나 전략부서에서 신규 점포의 상권 특성을 고려한 스토어 콘셉트를 결정하게 되고, 바이어 및 관련 팀장들과의 실무 협의를 거쳐 층별 장르 구성 계획을 확정하게 돼요. 각 층별로도 상권 및 고객 특성을 고려해서 장르별 적정 배분 면적을 결정하게 되고, 여기까지 의사결정이 이루어지면 각 바이어들은 본인의 영역 내에서 매장의 형태 및 입점하게 될 브랜드의 레이아웃 계획을 짜게 돼요. 이러한 계획이 수십 번의 검토 회의를 거쳐 최종 확정안으로 결정되는 거죠.

매장 구성 계획이 확정되면 본격적인 업무가 시작되죠. 최종 확정안에 따라 많은 브랜드, 즉 협력회사와 입점 상담과정을 거치게 돼요. 입점 여부는 물론 매장 위치, 면적 등의 입점 조건을 협의하게 되는 것이죠. 협력회사마다 원하는 조건이 모두 다르기 때문에 오랜 시간과 노력이 수반된 협상 과정이 필요해요.

편 매장의 인테리어도 바이어들이 관여하나요?

임 통상 백화점마다 인테리어나 디자인 부서가 별도로 있고, 이 부서에서 인테리어 전반을 관장하게 돼요. 하지만 해당 장르마다 특성이 다르기 때문에 인테리어 콘셉트를 결정하는 과정에도 바이어들이 의견을 주고 협의하는 과정을 거치게 돼요. 바이어들이 영업적인 감각뿐 아니라 인테리어나 디자인과 관련된 지식과 경험이 필요한 이유가 여기에 있죠.

편 신규점이 매년 생기는 건 아닌 것 같은데 그럼 평상시에는 기존 점포와 관련해서 어떤 일을 하나요?

임 평상시에도 백화점바이어의 업무는 매우 다양해요. 본인이 담당하는 장르의 특성과 흐름을 분석한 트렌드 리포트를 작성하기도 하죠. 기존 점포의 매장을 협력회사와의 계약 기간에 맞춰 재계약하기도 하고 일부 매장은 트렌드에 맞춰 개편하기도 해요. 또한 끊임없이 새로운 브랜드나 상품을 개발하기 위해 시장조사를 나가기도 하고 브랜드 품평회나 패션쇼 등에 참석하기도 해요.

　이렇게 다양하고 많은 일을 하는데 후배 바이어들을 보면 본인의 영향도가 얼마나 큰지 모르는 경우가 많아요. 일을 해보면 실제로 협력회사와 패션업계에 미치는 영향은 상당하거든요. 그 영향이 백화점에서 온라인과 아울렛으로 번지기도 하고요. 그런 의미에서 동료나 후배들에게 책임감과 자긍심을 가지고 일하라고 말해요.

협력회사와 함께 일을 하기 때문에 대외적인 활동도 많이 해야 해요. 협력회사에서는 품평회나 패션쇼를 많이 하기 때문에 이런 행사에 많이 참여하죠. 그럴 땐 사전에 공부도 하고, 조사도 충분히 하고 가서 의견을 주라고 충고해요. 협력회사에서는 백화점에 입점하는 게 중요하기 때문이죠.

편 브랜드 위치도 직접 정하나요?

임 네. 위치와 면적 등 모든 입점 조건을 직접 협의해서 결정하죠.

편 그런데 대부분의 백화점을 보면 브랜드의 위치가 다 비슷비슷한 것 같아요.

임 그 이유는 백화점에서 매출이 나오는 기본적인 구조가 있기 때문이에요. 그렇기 때문에 그 구조에서 크게 벗어나지 않고, 고객이 보기에는 비슷비슷해 보이는 거죠. 하지만 최근에

스타필드하남과 같은 새로 오픈하는 점포에 가보면 기존의 구성이 조금씩 깨지고 있어요.

과거의 상식이 현재의 상식이 아니듯이, 백화점도 예전엔 1층은 화장품, 지하는 식품, 맨 위층은 음식점 같은 식의 정통 구성이 있었지만 요즘은 예전의 방식이 깨지고 있어요. 고객들의 라이프스타일을 고려한 구성으로 바뀌고 있는 거죠. 의류 층이라고 해서 의류만 있는 게 아니고 잡화 매장도 들어와 있고, F&B 매장도 같이 있는 식으로요.

한 곳에서 체험하고 원스톱으로 쇼핑할 수 있도록 구성하고 있는데 최근 강남점 리뉴얼이 이런 식으로 진행되었어요.

새로운 아이디어와 참신한 시각을 이용해 백화점의 구조를 바꾸는 작업이 진행 중이죠. 백화점을 근간으로 하되, 전문관을 별도로 떼어내서 다른 유통구조를 만들 수도 있고요. 새로운 아이디어와 참신성을 적극 수용한 백화점은 열려있는 구조예요. 계속해서 새로운 시각과 비전을 필요로 하는 백화점바이어의 업무는 액티브하고 재미있는 일이 될 수 있을 거예요.

백화점바이어가 알려주는
똑똑한 쇼핑 팁

백화점 여성복 매장은 연령대에 따라 장르 구분
도 되어 있고 조닝 형성도 되어 있죠. 만약 구분
이 어렵다면 백화점 직원에게 부모님의 연령대와
취향을 간단히 알려주고 물어보면 해당 상품이
모여 있는 곳으로 안내해드릴 거예요. 보통 비슷
한 가격대의 상품이 모여 있는 것이 일반적이어
서 매장 앞 마네킹에 전시된 상품의 가격을 미리
확인해보시고 적정가격의 브랜드를 찾아 들어가
는 것도 시간을 절약하는 효과적인 쇼핑 방법일
것 같아요.

편 쇼핑은 주로 어디서 하세요?

임 저는 당연히 백화점에서 하죠.

편 실제 백화점에서 주로 이용하는 곳은 어디인가요?

임 의류 코너를 자주 이용해요.

편 백화점에서 좋은 물건 고르는 노하우를 알려주세요.

임 바겐세일과 같은 대형 행사의 경우 반드시 고객의 시선을 끌기 위한 다양한 특가 상품이 나와요. 매장에도 잘 고지되어 있고요. 이런 상품은 일반적인 상품보다 할인율이 훨씬 높기 때문에 잘 활용하면 알뜰 쇼핑에 도움이 되겠죠.

편 백화점에서도 할인이 가능하다고 하던데요?

임 보통의 경우는 정찰제이기 때문에 할인이 안 되지만 브랜드 세일이나 백화점 세일 기간 등에는 보통 10퍼센트에서 30퍼센트까지 할인돼요. 또한 백화점 사은 행사 기간에는 구매 금액의 5퍼센트 정도를 상품권으로 돌려받는 행사도 있으니 잘 활용하시면 좋을 것 같아요.

백화점 세일 기간

편 백화점바이어들은 물건을 살 때 할인을 받나요?

임 일정 한도 내에서 직원 에누리라고 10퍼센트에서 20퍼센트 할인된 가격에 살 수 있어요. 명품은 대부분 해당이 안 되고요. 그래서 저희도 명품은 이월상품을 구매하거나 세일할 때 구매하는 경우가 많죠.

편 좋아하는 브랜드가 있나요?

임 띠어리와 같은 컨템퍼러리 브랜드를 좋아해요.

편 부모님께 옷을 선물한다면 어떤 브랜드가 적당할까요?

임 저 같은 경우 부인복 매장에서 가성비 좋은 옷이 나오면 선물해드려요. 보통 백화점 여성복 매장은 연령대에 따라 장르 구분도 되어 있고 조닝 형성도 되어 있죠. 만약 구분이 어렵다면 백화점 직원이나 판매하시는 분들에게 부모님의 연령대와 취향을 간단히 알려주고 물어보면 친절하게 해당 상품이 모여 있는 곳으로 안내해드릴 거예요. 보통 비슷한 가격대의 상품이 모여 있는 것이 일반적이어서 매장 앞 마네킹에 전시된 상품의 가격을 미리 확인해보시고 적정가격의 브랜드를 찾아 들어가는 것도 시간을 절약하는 효과적인 쇼핑 방법일 것 같아요.

편 아내에게 선물을 한다면 백화점에 있는 물건 중 어떤 걸 주고 싶은가요?

임 요즘 캐주얼 브랜드는 디자인이 예쁘고 가격도 좋은 옷이 많아요. 이런 옷을 발견하면 사진을 찍어서 보내준 후 허락을

받고 쇼핑하곤 해요.⌒⌒

편 결혼을 앞둔 예비 신부, 신랑은 예물부터 가전, 가구까지 사야할 물건이 많은데요. 예비 신혼부부를 대상으로 백화점에서는 어떤 프로모션을 진행하고 있나요?

임 대부분의 점포가 웨딩클럽이라고 해서 이런 분들을 위한 프로그램을 운영하고 있어요. 웨딩클럽에 가입하고 구매하게 되면 여러 가지 할인 혜택과 구매 금액에 따른 다양한 사은 혜택도 제공하고 있으니 백화점 홈페이지 등을 통해 사전에 확인해보고 이용하시면 좋을 것 같아요.

편 브랜드마다 세일하는 기간이 다른데 이런 것도 바이어가 정하는 건가요?

임 아니요. 100퍼센트 협력회사의 정책이에요. 세일을 하게 되면 본사에서는 어떤 식으로 참여하고 광고할 것인지를 정하게 되는데 이 업무를 바이어가 진행해요. 세일하는 브랜드 중 어떤 브랜드의 광고를 크게 할 것인지 등을 정하는 거죠.

편 매장 앞쪽에 있는 세일 매대는 어떻게 구성되는 건가요?

임 점포에서 오퍼레이션하는 경우가 많고, 결정된 후에 어떻게 효과적으로 전시할 것인가는 매장에서 오퍼레이션해요. 본사는 정책적인 기능을 하거나, 취합된 정보를 매장에 내려주는 기능을 하고요. 이런 건 보통 AS바이어가 하죠.

백화점바이어
임태혁 스토리

전문성을 좀 더 키워 백화점이 구조적인 변화를
일궈나가는 데 제 역량을 보태고 싶어요. 또 제
일을 바탕으로 하는 다양한 일에 관심을 두고 있
어요. 언젠가는 퇴직을 해야 하기 때문이죠. 개인
적으로 교육에도 관심이 많아요. 유통업이라는
한 분야에서 20년 넘게 쭉 일을 해왔기 때문에
유통 관계자를 대상으로 한 교육이나 이런 업종
을 희망하는 사람들, 협력회사를 대상으로 한 교
육을 하고 싶어요.

🟥편 어린 시절 환경은 어땠는지, 부모님은 어떤 분이셨는지 궁금해요.

🟥임 상업을 하시는 평범한 부모님 아래서 자랐는데 성격이 원래부터 외향적이지는 않았어요. 중학교에 들어가서 교회를 다녔고, 그때부터 학생회 활동을 많이 했어요. 지금 생각해보면 교회 학생부 시절부터 외향적인 성격으로 많이 바뀌었고, 이런 경험이 이 일을 잘 해내는데 많은 도움이 되었어요. 대학 때도 동아리 활동이나 학교 행사, 학과 행사에 적극적으로 참여했어요. 공부에 집중하기보다는 사람 만나서 재미있게 노는 걸 더 좋아했죠.

그래서 취업도 전공인 경제학에 맞춰 금융권으로 간 게 아니라 좀 더 외향적인 업무인 수출, 물산을 선호하다가 우연히 유통업에 발을 들여놓게 되었죠. 사람들을 많이 만나고 외부 활동을 많이 한 덕분에 협력회사 사람들을 만나 얘기하는데 어려움이 없었어요. 이 업종은 다양한 경험을 하고 여러 가지 활동을 많이 한 사람이 유리해요. 요즘은 수학능력시험이라는 입시제도에 포커스를 맞춰 교육하기 때문에 경험이나 체험활동이 부족한 것 같아요.

제가 학교에 다닐 때는 많이들 놀았거든요. 저도 고등학교 2학년이 돼서야 입시준비를 했어요. 대학 가서도 많이 놀았고요. 대학교 학점은 3학년 때부터 관리했죠. 저 같은 경우 이렇게 놀았던 경험이 사회생활을 하는데 많은 도움이 돼요. 회사 내 후배들을 봐도 소위 말하는 일류 대학 출신보다 그렇지 않은 대학을 나온 후배들이 인성이나 활동성이 좋은 경우도 많이 볼 수 있어요. 좋은 학교를 나왔다면 취업이 되는 순간까지는 도움이 될 수 있어요. 하지만 사회생활을 하는데 있어서 큰 도움이 되지는 않아요. 일을 시작하고 나서 학벌은 별 의미가 없어지죠. 본인의 활동력으로 퍼포먼스를 해야 하는데 이런 부분은 좋은 학교를 나왔다고 잘하는 건 아니거든요.

그래서 청소년들에게 공부만 하는 것 보다는 학창시절에만 할 수 있는 여러 가지 경험을 쌓는 것이 좋다고 말해주고 싶어요. 이런 경험은 학원을 다닌다고 해서 배울 수 있는 부분이 아니에요. 학생뿐만 아니라 학부모들도 이런 점을 고려해서 많은 경험을 쌓을 수 있도록 하는 것이 좋을 것 같아요.

편 특별히 좋아했던 과목은요?

임 전형적인 문과 학생이라 국어, 사회, 역사 과목을 좋아했어요. 수학은 싫어했고요. 이과를 가야 취직이 잘되는 줄 알아서 고등학교 때는 이과로 갔어요. 그런데 이과 공부를 하면서 내가 이과 성향이 아니라는 걸 깨달았죠. 재수를 했는데 재수를 하면서 문과로 전과했어요. 본인의 적성을 잘 고려해서 진로를 판단할 필요가 있어요. 내 능력과 적성을 무시하고 사람들 말에 따라 움직이면 저처럼 시간을 낭비하거나 적성에 맞지 않는 일을 해야 할지도 몰라요.

편 어렸을 때 꿈은 뭐였나요?

임 특별히 없었어요. 아주 어렸을 때는 막연하게 많은 남자 아이들이 꿈꾸는 과학자, 대통령, 장군 정도로만 생각 했죠. 중, 고등학교 때도 구체적으로 목표설정을 하지는 않았어요. 지금처럼 직업에 대한 구체적인 정보가 없었기 때문에 잘 모르기도 했고요. 좋은 학교를 가는 것이 많은 사람들의 막연한 목표였어요. 좋은 학교를 가면 좋은 직장에 취업하기도 쉽고 그럼 잘 살지 않을까 하는 생각을 한 거죠. 지금 세대보다는 취업이나 진로에 대한 걱정이 좀 덜했던 때였기 때문에 가능한 상황이었죠. 생활수준은 지금보다 낮았지만 미래가 어둡거나 불안하지 않았던 때라 장래에 대한 고민을 심각하게 하지는 않았어요. 선배들을 봐도 공부를 좀 덜하고 놀러 다녀도 별

문제 없이 잘 사는 것처럼 보여서 노는데 더 관심이 있었죠.

편 언제부터 이 직업에 관심이 있었나요?

임 경제학을 전공했기 때문에 무역과 관련된 종합상사, 물산 쪽의 업무를 해야겠다고 생각하고 전공과목은 물론 영어 공부도 열심히 했어요. 그런데 전공과 관련된 직무를 준비하면서 우연히 신세계그룹의 원서가 학교에 들어와서 보게 되었어요. 주변의 많은 사람들이 회사의 발전 가능성과 다양한 조건을 고려했을 때 신세계그룹 같은 유통업에 입사하는 것이 저와 잘 맞을 것 같다고 했죠. 그래서 고민을 하다가 지원을 하게 되었어요.

편 백화점바이어가 된 걸 후회한 적이 있으세요?

임 후회는 안 했어요. 입사를 하게 되면 조직 내에서 정기적으로 직원 배치가 바뀌기 때문에 여러 과정을 거쳐야 해요. 저는 따로 회사에 요청을 안 했음에도 불구하고 비교적 제가 하고 싶었던 분야의 일을 쭉 해왔어요. 또 회사에서 제공하는 연세대학교와 연계된 SMBA라는 산학협동과정 등 다양한 교육도 많이 받았고요. 이를 통해 유통업에 대한 전반적인 이해,

사회를 바라보는 시각이 많이 정립되었어요. 나름대로 공부도 많이 했고요. 또 그런 과정을 통해 저만의 시각을 갖게 되어 다행스럽고 자부심도 있고 만족스러워요.

편 자녀가 있다면 권할 만한 직업인가요?

임 나쁜 일만 아니라면 자녀가 원하는 어떠한 직업도 지원할 거예요. 이 직업도 본인이 원한다면 당연히 지지해줄 거고요.

편 현재 백화점바이어로서 어느 단계에 와 있다고 생각하세요?

임 지금은 팀장이기 때문에 실무 바이어의 단계는 지났어요. 회사에서는 고참 바이어죠. 이제 다음 단계를 준비해야 하는 상황이에요.

편 10년 후쯤 어떤 미래를 꿈꾸고 있는지 궁금합니다.

임 전문성을 좀 더 키워 백화점이 구조적인 변화를 일궈나가는데 제 역량을 보태고 싶어요. 또 제 일을 바탕으로 하는 다양한 일에 관심을 두고 있어요. 언젠가는 퇴직을 해야 하기 때문이죠. 개인적으로 교육에도 관심이 많아요. 유통업이라는 한 분야에서 20년 넘게 쭉 일을 해왔기 때문에 유통 관계자를 대상으로 한 교육이나 이런 업종을 희망하는 사람들, 협력회사를 대상으로 한 교육을 하고 싶어요. 이 인터뷰를 하고 글을 쓰게 된 이유도 교육에 대한 관심의 일환이에요. 요즘은 한 분야에서 오랫동안 일을 해오는 게 흔한 일이 아니게 되었어요. 조금씩 포지션이 바뀌기 때문이에요. 다행히 저는 유통 분야에서 오랜 기간 일할 수 있었고, 이런 경력을 잘 살려 사회에 기여할 수 있는 부분을 찾고 싶어요.

편 더 하고 싶은 얘기가 있을까요?

임 백화점바이어 업무에 대한 규정과 정의가 다른 직종에 비해 좀 어려울 수 있고, 또 직업 자체가 잘 알려져 있지 않죠. 그렇지만 매력 있는 직종이에요. 패션을 전공했다 하더라도 백화점 유통에 대해서는 잘 모를 수도 있는데 이 책이 많은 도움이 되길 바라요. 반대로 패션을 전공하지 않은 분들도 관심과 노력만 있다면 충분히 도전해 볼 만한 분야인걸 알게 되었으면 해요. 본인의 성향이나 살아온 환경, 커리어가 이쪽 분야와 맞는다면 충분히 할 수 있는 일이거든요.

예를 들어 시계를 좋아하는 분들 중에는 엄청난 시계 마니아들이 있어요. 각종 잡지도 스크랩하고 희귀한 시계를 수집하는 사람들이요. 이런 마니아나 덕후, 블로거들의 전문 분야 지식은 상당하기 때문에 관심만 있다면 백화점이 본인의 꿈을 펼칠 수 있는 무대가 될 수 있어요. 또 백화점이라는 업태가 가지는 패션에 대한 영향력이 워낙 크기 때문에 이 일을 통해 보람을 느낄 수 있을 거라 생각해요.

또 이 업무를 하다 보면 사회 각계각층의 다양한 사람들을 만나볼 수 있어요. 경력이 쌓이면서 본인의 업무에 대한 내공이 깊어지는 것은 물론 세상을 보는 눈과 귀도 새롭게 열리게 되고요. 저도 그런 과정을 거쳤어요. 업무를 통해 보람도 느끼지만 세상에 대한 이해도 깊어지는 거죠. 한정된 틀 안에서 벗어나 세상을 바라보는 시각을 넓히는 매력 있고 보람 있는 직업이에요.

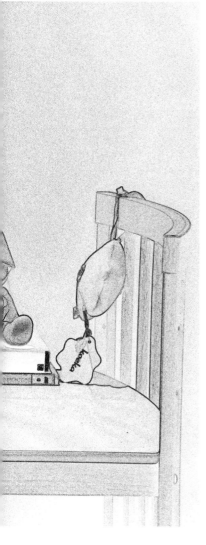

부록

상품기획전문가
상품 · 공간스토리텔러
퍼스널쇼퍼
매장배경음악전문가

어떤 일을 하나요?

상품기획전문가는 소비자가 원하는 상품이 무엇인지 파악하여 만드는 활동을 수행해요. 그렇다고 해서 이들의 업무가 신상품의 기회 발굴 및 아이디어 개발, 콘셉트의 개발, 시제품 개발 등 상품기획의 업무로만 국한되지는 않아요. 대부분의 상품기획전문가는 소비자의 욕구를 평가 분석하고, 소비 유형과 구매 패턴을 파악하여 시장성 있는 신상품의 기회를 발굴할 뿐 아니라 생산, 개발, 구매 및 판매, 재고 조절 등 상품 흐름의 전 과정을 총괄하는 일을 수행해요.

뿐만 아니라 광고 및 홍보전문가와 광고 전략을 협의하며, 업체의 마케팅 부서 사무직원과 협의하여 마케팅을 위한 전략 및 방안을 수립하여 적용하죠. 이들은 특정 상품 및 서비스에 대한 현재의 판매 수준, 소비자의 취향 등을 조사 분석하여 효율적인 마케팅 전략을 수립하거나 자문하는 일도 수행해요.

이런 점에서 상품기획전문가는 업무 특성에 따라 상품기획자, 상품개발자, 마케팅전문가 등으로 불리며, 가장 흔하게 쓰이는 용어로는 우리에게 친숙한 머천다이저(MD)가 있어요. 물론 이들은 활동하는 분야에 따라 업무 면에서 조금씩 차이가 있고 일부는 상품기획보다 상품의 전시나 구매 대리와 같은 업무에 치우쳐 있기도 해요.

그럼에도 이들 대부분은 시장조사나 분석을 통해 아이디어를 창출하고 신상품을 기획하는 일을 수행하죠. 즉 수요가 있을 만한 상품을 선택하여 예산 한도 내에서 생산 · 구매하고 마케팅 전략을 수립하여 소비자들에게 판매를 유도하는 등 생산에서 유통에 이르기까지 모든 업무를 총괄해요.

상품기획전문가를 활동 분야에 따라 구분하면, 우선 방송이나 인터넷, 백화점, 할인점, 제조업체 등의 유통업 및 소매점에서 활동하는 경우 흔히 리테일MD라 불려요. 이들은 상품의 기획에서부터 주문, 전시, 판매, 배송, 사후 관리, 재고 관리까지 담당하는 경우가 많고, 경우에 따라 직접 상품을 계획 · 생산하는 데도 관여해요.

이 중 인터넷에서 활동하는 쇼핑몰MD(웹MD)는 인터넷 쇼핑몰에서 카테고리별로 상품 아이템을 구성하고 상품 구입과 거래처 관리 등의 업무를 주로 수행해요. 백화점이나 할인점의 MD는 신상품 발굴과 거래처 관리, 입점 브랜드 관리 업무를 수행해요. 또한 홈쇼핑MD는 방송 판매상품을 기획하고 상품 소개 전략을 세우며, 생방송 중 상품의 판매상황을 점검하고 배송 관리를 담당하는 등의 업무를 수행해요.

다음으로 제조업체에서 활동하는 상품기획전문가는 통상 제품의 기획에서부터 생산까지의 전 과정을 관리해요. 의류업체에서 활동하는 패션MD는 시장조사를 통해 소비자의 욕구와 유행을 분석하여 디자이너와의 협의를 통해 신상품을 기획하며, 원가분석과 자재 구매, 생산 관리, 품질 관리, 생산량과 판매량 조절, 상품 판매를 위한 마케팅 및 재고 관리 등의 총괄적인 업무를 수행해요.

백화점 및 할인점 등에서 활동하는 비주얼MD는 상품기획 및 관리 업무와 더불어 상품의 가치를 최대한 높일 수 있도록 상품을 배치하고 매장 분위기를 조성하며, 해당 브랜드의 이미지를 창출하는 일을 함께 수행해요. 쇼윈도 설치와 매장 구성, 인테리어, 디스플레이 등의 비주얼적인 부분을 총체적으로 기획하고 관리하며, 판매나 직원 관리 업무를 함께 수행하죠.

바잉오피스MD는 외국의 바이어가 국내 물품의 수입을 요청하면 해당 물품의 생산기업을 선정하고 바이어가 원하는 일정에 맞춰 물품을 납품하며, 물품 검수부터 선적에 이르는 모든 업무를 담당하는 구매대리인으로서 역할을 수행해요.

이 외에도 제품의 특성에 따라 식품MD, 가전MD, 주얼리MD, 가전제품MD, 가구MD, 도서MD, 코스메틱MD 등으로 불리는 상품기획전문가들이 있어요. 이들은 각각의 해당 분야에서 상품기획 및 유통의 전반적인 업무를 수행해요. 또한, 생산과정을 담당하는 제조MD, 영업 분야를 담당하는 영업MD, 상품기획만을 중점적으로 담당하는 기획MD 등으로 구분되기도 하죠.

근무환경은 어떤가요?

상품기획전문가는 직접 현장을 돌아다니며 시장조사를 하고 거래업체와의 회의, 좋은 상품의 선점 등을 위해 출장을 자주 다녀요. 또한 경영기획, 광고홍보, 생산, 유통 등을 담당하는 전문가나 사무직원들과의 회의도 잦은 편이죠. 분야에 따라 다르지만 상품기획전문가 중 백화점이나 방송국 등에서 활동하는 리테일MD나 비주얼MD는 전시, 진열 상태를 변경하거나 담당 상품의 판매량을 관리하기 위해 야근할 때도 많아요.

교육 및 훈련

상품기획전문가가 되기 위해 특별히 정해진 교육이나 훈련과
정은 없어요. 하지만 대학교에서 경영, 경제, 무역, 유통을 전
공하거나 의상, 섬유, 식품 등 특정한 분야의 전문지식을 갖추
고 있는 것이 유리하죠. 그리고 채용 시 무엇보다 아르바이트
나 인턴, 창업 등 해당 분야에서 활동한 경력을 높이 사는 편
이므로 유통 분야의 경험을 쌓는 것도 좋아요.

이외에도 사설학원에 개설된 MD 전문교육과정을 이수하
여 관련 지식을 습득할 수 있으며, 관련 자격증 및 외국어 능력
을 향상시키는 것이 취업에 유리할 수 있어요. 상품기획을 위
해서는 소비자의 심리를 분석할 수 있어야 하고, 시장의 흐름
을 파악하는 능력과 유행을 이끌 수 있는 능력 등이 요구돼요.

관련 학과: 경영학과, 경제학과, 무역학과, 유통학과, 물류유통
학과, 의상학과, 섬유학과, 패션디자인학과, 식품관련학과 등

관련 자격: 유통관리사, 전자상거래관리사(상공회의소), 물류
관리사, 패션머천다이징산업기사(산업인력공단)

입직 및 경력개발

홈쇼핑업체, 백화점, 대형마트, 인터넷쇼핑업체 등의 유통 관련 업체, 의류회사, 바잉오피스, 식품업체, 가전업체, 가구업체, 귀금속업체 등으로 진출하여 머천다이저로 활동할 수 있어요. 대부분의 업체에서는 공개채용의 형태로 채용하며, 경력자에 한해 특별채용을 하기도 하죠. 해당 업체의 인턴이나 아르바이트로 시작하여 실력을 인정받아 입직하는 경우도 있어요.

처음에는 전문가의 업무를 보조하는 일에서부터 시작하여 점차 경력을 쌓아 전문가로서 인정받게 되요. 상품기획전문가는 상품기획에서부터 제조, 판매에 이르기까지 유통의 전반적인 분야를 익히는 직업인만큼 경력을 쌓은 후 오퍼상이나 제조업체, 제품소싱업체 등을 창업할 수 있어요.

적성 및 흥미

상품기획전문가는 소비자의 구매심리를 꿰뚫어 보고 욕구를 평가 분석하여 새로운 기회를 발굴하는 일을 수행하기 때문에 늘 새로운 것에 대한 탐구적 자세와 흥미를 갖고 있어야 해요. 또한 기본적으로 조사 및 분석 능력과 아이디어 창출력도 있어야 하며, 자신의 생각을 논리적으로 잘 표현하고 이를 타인에게 전달할 수 있는 의사소통능력, 설득력도 갖추어야 하죠.

또한 상품의 기획에서부터 유통의 전반에 이르는 과정을 총괄하기 때문에 각 부문의 전문가 및 사무직원들과 원만히 관계를 유지할 수 있도록 친화력, 대인관계 능력, 협상능력 등도 뛰어나야 해요. 뿐만 아니라 외국 바이어와 상대할 기회도 많으므로 이들과 대화를 할 수 있는 외국어 능력도 갖출 필요가 있어요.

이 직업의 전망은?

향후 10년간 상품기획전문가의 고용은 다소 증가할 것으로 전망돼요. 한국고용정보원의 「2013-2023 중장기 인력수급전망」에 따르면, 2013년 상품기획전문가는 16,800명으로 2008년 10,700명 대비 6,100명(연평균 9.5%) 증가했어요.

수많은 상품이 끊임없이 쏟아져 나오는 시장에서 소비자의 선택을 받기 위해서는 유통단계에서의 마케팅도 중요하지만, 소비자들의 욕구를 반영하여 시장에서 성공할 수 있는 상품을 기획하고 만드는 것이 무엇보다도 중요하죠. 물론 기업마다 연간 출시되는 제품 중 신제품이 차지하는 비중은 그리 크지 않아요.

그러나 대부분의 기업에서 연간 매출액이나 창출이익에 신제품이 차지하는 비중이나 그 영향은 기존 제품에 비할 수 없을 정도로 커요. 이런 점에서 소비자의 욕구에 부합하는 신상품의 기회를 발굴하고, 이를 개발하여 생산하고, 구매, 판매, 재고조절 등 전반적인 업무를 담당하는 상품기획전문가의 역할이 매우 중요하죠.

국내 업체 간 경쟁뿐 아니라 글로벌시대에 따른 외국 기업들과의 경쟁 심화, 해외 직구 및 직판(역직구)의 증가가 예상되면서 전 세계적으로 인정받을 수 있는 상품의 기회를 발굴하고 신상품을 기획 개발하려는 기업들이 늘고 있어요.

또한 우리 기업의 상품들이 세계적으로 인정받게 되면서 전 세계 소비자의 욕구를 반영한 상품기획도 중요해졌죠. 특히 중국, 동남아, 남아메리카, 아프리카 등 신흥시장이 확대됨에 따라 그들 소비자에 맞춘 상품기획을 담당할 전문가의 역할이 중요해졌어요. 이에 따라 관련 상품기획전문가의 수요 또한 증가할 것으로 보여요.

상품기획 및 이를 포함한 마케팅 분야는 기존 대기업을 중심으로 많은 관심을 가져왔으며, 주로 제조업체를 중심으로 상품기획전문가의 활동이 이루어졌어요. 그렇지만 점차 시장 구조와 소비자 취향을 잘 파악하여 제품을 기획하는 것이 제품 판매에 큰 영향을 미치게 되면서 전문 상품기획전문가를 고용하는 업체가 증가하고 있어요.

근래에는 제조업체뿐 아니라 중간유통업체와 판매업체 등 유통 전반에서 상품기획전문가의 중요성이 인식되면서 활동 영역이 크게 확대되고 있어요. 상품기획전문가로서 머천다이저(MD)라는 직업이 친숙하게 된 것도 이러한 영향 때문이에요. 의류, 식품, 가전제품, 보석, 음반 분야 등 더욱 다양한 분야에까지 기획력과 전문성을 갖춘 전문가의 고용이 이루어지고 있는데, 정부의 중소기업육성정책에 의해 향후 중소기업에서의 수요도 늘어날 전망이에요.

한편으로 인구구조의 변화에 따라 노인층을 대상으로 하는 실버산업, 헬스케어산업 등의 신규시장이 폭발적으로 늘어나면서 이 분야의 상품기획 및 마케팅을 담당할 전문 인력으로서 상품기획전문가(머천다이저)가 크게 늘어날 것으로 전망돼요.

또한 저출산에 따른 가족 내 아이들에 대한 비용 지불이 늘어나면서 이들을 상대로 하는 신상품 시장이 오히려 커지고 있고, 또한 여성의 권위가 더욱 높아짐에 따라 여성들을 대상으로 하는 상품시장도 여전할 것으로 보여 이들 분야에서도 신상품을 기획하고 개발할 관련 전문가의 고용이 늘어날 것으로 보여요.

환경 보호 기준 및 관련 규제의 강화에 따른 그린상품의 개발, 그린마케팅으로의 변화도 그에 맞는 상품기획 인력을 필요로 할 것으로 보이며, 에너지 부족이나 대체에너지 개발 등에 대비한 에너지 절감기술이나 혹은 제품 기획을 위한 고용도 증가할 전망이에요.

3D프린팅, 사물인터넷, 동종 및 이종 산업간 융합, ICT 분야의 지속적 성장 등 제품의 혁신을 가져오는 기술의 발전은 그 자체로서 혹은 연계 상품화를 통해 소비자와 다가서기 위한 기회를 더 많이 제공할 것으로 보여 고용에 긍정적인 영향을 미칠 것으로 기대돼요. 또한 온라인, 모바일 시장의 발전은 해당 분야와 관련한 상품기획전문가의 고용으로 이어질 것으로 보여요.

반면, 기업경영 방식의 변화에 따라 혹은 소규모 기업의 경우 제한된 인력으로 아이디어를 개발하기보다 아웃소싱을

통해 새로운 상품을 찾게 되는 것과 같은 변화는 상품기획전
문가의 일자리 창출에 다소 부정적인 영향을 미치게 될 것으
로 보여요.

관련 직업
마케팅전문가, 머천다이저(MD), 카테고리매니저

관련 정보처
대한상공회의소 (02)6050-3114 www.korcham.net
한국산업인력공단 1644-8000 www.hrdkorea.or.kr

상품·공간스토리텔러

같은 상품도 생생한 스토리로 다르게 소개한다
감동 주는 이야기로 상품 홍보해

얼마 전 한 자동차 회사에서는 '마이카 스토리'라는 제목의 특별한 광고를 만들었어요. 30대 후반의 한 직장인이 생애 첫 자동차를 사게 된 사연을 담은 이야기에요. 애인만큼 나를 포근하게 해주는 차 등 광고에서 이 직장인은 일상에서 생애 첫 자동차가 주는 여러 의미들을 소개했죠.

이는 실제 사연에 기초해 스토리텔러가 흥미진진한 이야기를 덧붙여 만들어낸 것이에요. 스토리텔러가 만들어내는 스토리텔링은 '스토리story'와 '텔링telling'의 합성어로 말 그대로 '이야기하다'를 뜻해요. 즉, 상대방에게 알리고자 하는 바를 재미있고 생생한 이야기로 설득력 있게 전달하죠.

스토리텔러는 특정 산업과 결합해 세분화할 수 있어요. 예를 들어, 방송국과 스토리텔러가 연계하면 드라마스토리텔러, 기업 쪽과 연계하면 상품스토리텔러 등으로 구분돼요. 특히 삶의 질이 높아지고, 상품 하나를 사더라도 그 안에 미학적 요소를 중시하는 소비자들이 늘어나면서 스토리텔링은 상품이나 공간에도 종종 쓰이고 있어요.

최근에는 커피숍이나 음식점 등이 단순히 음료나 음식을 먹는 공간이 아니라 감성적이고 친밀한 장소, 책과 문화가 있는 장소, 공동체의 느낌을 주는 장소로 소비자들에게 알려지고 있는데 이는 공간스토리텔링의 대표적인 예죠. 이처럼 상품 · 공간스토리텔링은 이런 제품이나 공간뿐 아니라 연극 · 영화 · 애니메이션 · 광고 · 게임 · 대중강연 · 교육 등 모든 분야에서 널리 활용되는 중이에요.

어떤 일을 하나요?

제품 · 서비스 관련 흥미진진한 스토리 발굴

같은 상품 정보라도 그것을 쉽고, 재미있게, 설득력 있게 알려주는 게 중요한 시대예요. 많은 사람들이 상품이나 서비스의 역사, 배경, 사용 과정 등에 얽힌 다양한 이야기를 듣고 싶어 해요. 상품 · 공간스토리텔러는 제품 및 서비스, 공간 등과 연관된 이야기를 흥미롭게 펼쳐내면서 고객이 특정 상품이나 공간을 소비할 수 있게 해요. 이들이 스토리텔링을 하는 대상이 상품이냐, 공간이냐에 따라서 각각 상품스토리텔러, 공간스토리텔러로 불려요.

상품스토리텔러는 상품이 출시됐을 때 이를 알리기 위해, 상품의 신규 수요를 창출하기 위해 상품에 얽힌 스토리를 기초로 콘텐츠 기획 및 개발을 해요. 이를 통해 고객이 상품 구매에 대한 의사결정을 할 수 있게 도와주죠.

공간스토리텔러는 특정 공간과 관련된 스토리를 만들고 이를 확산시켜 사람들의 공감을 이끌어내요. 스토리를 통해 공간의 가치를 확실히 알리고 고객들이 공간과 관련한 상품을 소비할 수 있게 해요. 또 테마파크 등의 주요 동선 기획 및 퍼레이드 시나리오 개발, 스토리가 있는 마을 기획 등 신규 관광 상품 등도 개발해요.

직무 개요

제품 및 서비스가 판매될 수 있도록 고객의 감성을 자극할 만한 다양한 스토리를 발굴해요.

주요 직무

- 제품 및 서비스와 연관된 스토리를 발굴해요.
- 제품의 이미지 강화 전략, 차별화 전략 및 가격 전략 등을 수립해 제품에 담긴 감성과 이야기를 발굴해요.
- 상품스토리텔러의 경우, 제품의 이미지 강화 전략, 차별화 전략 및 가격 전략을 수립해 제품에 담긴 감성 요소를 끌어내고, 이를 기초로 이야기를 만들어 고객이 상품을 구매하는데 긍정적인 영향을 끼치는 일을 해요.
- 공간스토리텔러의 경우, 특정 공간을 효과적으로 알리려는 목적으로 관련 스토리를 만들고 이를 전달, 확산시켜 사람들의 공감을 이끌어내요.
- 발굴한 스토리를 전략적으로 관리하고 마케팅해서 스토리를 보고 만질 수 있는 것으로 상세하게 표현해요.

이 직업의 현재와 미래는?

해외 현황

일종의 콘텐츠 산업으로 인식

미국의 스토리텔링 산업은 작가 조합(WGA)에 의한 자체적 규제 및 진흥을 중심으로 성장하고 있어요. 영국은 다양한 스토리텔링 클럽이 활성화되어 있어 스토리텔링의 문화적 저변 확대에 기여하고 있으며, 예술위원회 주도로 진흥 정책이 추진되고 있죠. 일본의 스토리텔링 산업은 다른 콘텐츠 산업의 성장을 위한 인프라 산업으로 이해되고 있어요.

영국의 경우 연령대별로 운영하는 교육기관에서 정규/비정규 프로그램을 통해 스토리텔링과 관련한 활동 등을 전개하고 있어요. 다양한 스토리텔링 진흥 비영리 협회가 활성화되어 있어 이 협회가 스토리텔러들 간의 네트워크 구축과 스토리텔링 관련 정보 제공에 힘쓰고 있죠. 2006년 설립된 스코티쉬 스토리텔링 센터Scottish Storytelling Centre는 라이브 스토리텔링 퍼포먼스, 워크숍, 스토리텔링 교육 프로그램 등을 운영해요.

미국, 일본에서는 스토리컨설턴트의 활동도 매우 활발한

것으로 파악돼요. 보통 해당 전문 직업, 기업, 산업 등에서 현역으로 활동하는 사람이 대다수이지만 현역에서 은퇴한 전문가들도 점점 증가하는 추세에요.

국내 현황

프리랜서 형태 근무 많아

스토리텔링은 문화산업 전반을 비롯해 게임, 마케팅, 교육에 이르기까지 어디 하나 손길을 미치지 않는 곳이 없을 정도로 우리 일상 곳곳에서 중요하게 쓰이고 있어요. 따라서 문학 · 만화 · 애니메이션 · 영화 · 게임 · 광고 · 디자인 · 홈쇼핑 · 테마파크 · 스포츠 등 다양한 분야로 진출이 가능하죠. 특히 감성경영, 지식경영시대로 접어들면서 전자 공간, 상품, 제품 기획 및 디자인 등에서 스토리텔링이 주목받고 있으며, 기업의 마케팅, 홍보팀 등에서 스토리텔러의 채용이 이루어지고 있어요.

스토리텔러들은 스토리텔링 전문업체, 광고회사, 제품 스토리텔링 전문업체, 1인 기업, 게임회사 등에 취업이 가능한데 대부분이 업체에 소속되어 일하기보다는 프리랜서로 근무하죠. 일이 꾸준히 있는 편이 아니라서 다른 일과 함께 겸직하

는 경우도 많아요. 임금수준은 프리랜서의 경우 개인의 역량
에 따라 달라요.

향후 전망

스토리텔링 융·복합 등 가능

최근에는 하나의 스토리가 다양한 채널로 유통돼 시너지를 창
출하는 형태인 트랜스미디어 스토리텔링transmedia storytelling도 주
목을 받고 있어요. 이제 스토리텔링은 문화산업의 영역을 넘
어 정치·경제·사회 등 인간의 삶과 연계된 대부분의 영역으
로 급속하게 확산되고 있어요. 특히 경제적 측면에서 기업의
마케팅 수단으로 각광받게 될 것으로 보여요. 참고로 해외에
서는 스토리텔링의 역할이 점점 커지고 있고, 관련 일자리도
점점 확대되는 중이죠.

한편 스토리는 주요 산업의 부가가치를 확대할 수 있게
해주는 21세기 문화 신소재로 다양한 분야와의 융·복합도 가
능해요. 한 예로, 해리포터 스토리는 영화, 테마파크, 게임,
완구 등 다양한 분야와 융·복합해 308조 원의 부가가치를 창
출했죠.

우리나라의 경우, 스토리에 대한 중요성은 인지하고 있으나 스토리 생산기반이 약하고 투자도 부족해 전문 인력이 부족한 상황이에요. 2013년 콘텐츠진흥원의 콘텐츠 전문기업 대상 설문조사 결과 90퍼센트 이상의 기업이 스토리의 중요성을 인지한다고 답하면서도 스토리 개발에는 전체의 18퍼센트만이 투자하고 있다고 답했어요.

한편 새내기 스토리텔러가 잘 안착할 수 있도록 기업과의 연계를 통해 안정적인 일거리 확보와 수입을 보장하고 공모전 등을 활성화해 새로운 스토리 콘텐츠를 발굴할 만한 기회도 지속적으로 만들어야 해요. 관련 학과에서도 체계적이고 전문적인 커리큘럼을 통해 능력 있는 스토리텔러가 배출되도록 힘써야 하며 학교를 졸업했더라도 지속적인 세미나 등 교육기회를 제공해 스토리텔러 스스로 발전할 수 있는 시스템을 갖추는 게 중요하죠.

어떻게 준비하나요?

역량 및 교육

국문, 경영, 마케팅 전공 유리

상품·공간스토리텔러로 일하기 위해서는 순수학문인 국문학을 전공하는 게 유리하며 마케팅, 경영학 분야를 전공하는 것도 도움이 돼요. 기본적으로 이야기를 다루기 때문에 책을 많이 읽어야 하며 예민한 감수성과 관찰력으로 사물을 포착할 수 있어야 해요. 또 포착한 것을 자신만의 방식으로 변형하고 구성하는 상상력과 사고능력 등이 있어야 하죠.

이 일을 하기 위해서는 대학에서 스토리텔링학, 문화콘텐츠학, 문예창작학, 홍보학 등을 전공하면 유리해요. 지역별 문화산업진흥원, 대학교, 한국방송작가협회 등에서 진행하는 스토리텔러 교육 등을 받는 것도 좋아요.

현재 4년제 대학교의 경우 문예창작학과를 중심으로 스토리텔링 관련 교육 프로그램을 진행하고 있어요. 동국대 문예창작학과, 한국예술종합학교 서사창작과, 강원대 스토리텔링학과 등이 대표적이에요. 또 한국콘텐츠진흥원의 '문화콘텐츠

기획창작 아카데미'에서는 기획자, 창작자 등 콘텐츠 실무자 양성을 위한 교육도 실시 중이에요.

적합한 사람은?

이야기를 다루기 때문에 책을 많이 읽어야 하며 예민한 감수성과 관찰력이 있어야 해요.

필요한 자격은?

특별히 요구되는 자격증은 없어요.

필요한 공부는?

대학에서 국문학, 문예창작학, 서사창작, 스토리텔링학 등을 전공하면 유리해요.

어디서 준비하지?

대학교 스토리텔링 관련 학과, 한국콘텐츠진흥원의 기획자, 창작자 등 실무자 양성교육을 통해 준비할 수 있어요.

활동영역 및 진출 분야

스토리텔링 전문업체, 광고회사, 제품스토리텔링 전문업체, 1인 기업, 게임회사 등에 취업이 가능한데 대부분이 업체에 소속되어 일하기보다는 프리랜서로 근무해요.

전망 Point

하나의 스토리가 다양한 채널로 유통되어 시너지를 창출하는 트렌스미디어스토리텔링 현상 등이 두드러질 것으로 보이며 스토리 개발에 대한 투자가 늘고, 스토리텔러에 대한 사회적 인식 등이 변화하는 것에 따라 긍정적인 전망을 해볼 수 있어요.

참고사이트

문화체육관광부 www.mostr.go.kr

한국스토리텔링진흥원 www.koreastorytellingagency.co.kr

한국콘텐츠진흥원 www.kocca.kr

어떤 일을 하나요?

탄생배경

패션시장이 다양해지고 빠르게 변화하면서 자신에게 어울리는 옷이 무엇인지 고민하는 사람들이 증가하고 있어요. 특히 사람을 상대하는 전문서비스직 종사자들에게는 상황에 맞는 의상을 선택하는 것이 매우 중요한 문제가 됐죠. 이러한 사회적 요구에 따라 등장하게 된 직업이 바로 퍼스널쇼퍼personal shopper 예요. 퍼스널쇼퍼는 말 그대로 개인을 위한 맞춤형 쇼핑을 도와주는 사람이에요.

퍼스널쇼퍼 서비스는 2004년 국내에 처음 도입되었지만, 미국은 이미 1980년대부터 시작해 역사가 오래되고, 퍼스널쇼퍼를 양성하는 전문 교육기관과 전문 시스템이 따로 있을 정도예요. 버그도프 굿맨, 바니스 뉴욕, 니먼 마커스 등 고급 백화점에서 근무하는 퍼스널쇼퍼만 이미 5,000명이 넘는다고 해요. 사회 지도층이나 할리우드 배우 등 유명인사를 위한 프라이빗 서비스도 있고, 일반 고객이 부담 없이 이용할 수 있는 서비스도 많아요. 해외의 유명 퍼스널쇼퍼가 고객에게 제공하는 서비스는 패션 품목에만 그치지 않고 가구, 여행, 공연, 자녀 교육 등 고객이 원하는 모든 분야가 해당돼요.

하는 일

퍼스널쇼퍼란 개인의 맞춤형 쇼핑 도우미예요. 퍼스널쇼퍼는 고객의 직업, 나이, 체형, 구매 성향, 스타일, 경제 수준 등을 총체적으로 파악해 고객에게 가장 적합한 상품을 추천하는 일을 해요. 이들이 하는 업무의 주된 목적은 고객 관리를 통해 고정 고객 확보 및 고객 이탈 방지를 위한 서비스 업무라고 할 수 있어요. 따라서 이들은 많은 시간을 고객과의 상담에 할애하죠. 이번엔 퍼스널쇼퍼의 구체적인 업무를 살펴볼까요?

고객들로부터 전화로 방문 예약을 받거나 상품 추천 의뢰를 받으면 고객들의 직업, 구매 성향, 선호 브랜드, 스타일 등을 파악해 해당 상품에 대한 고객들의 취향을 분석해요. 주로 옷, 신발, 보석, 화장품 등 패션과 관련된 상품을 담당하지만 여행, 웨딩 등의 상품을 다룰 때도 있어요.

고객의 취향에 대한 분석이 끝나면 추천할 상품을 고르기 위하여 각 매장의 브랜드 매니저와 상의해 최종적으로 추천할 상품을 결정해요. 그리고 이 상품들을 손님의 예약시간에 맞춰 매장에 가져오는 일도 해야 해요. 고객의 요청에 따라서는 상품을 들고 직접 집으로 방문할 때도 있어요. 이렇게 상품을 고객에게 보여주면서 준비된 상품을 설명하고 옷이나, 보석, 신발 등의 경우 직접 착용할 수 있도록 안내하는 것이 퍼스널쇼퍼가 하는 일이에요. 또 구입한 상품을 포장해 직접 차에 실어 주는 일도 해요. 이밖에 고객이 선물을 준비할 때 선물 받을 사람의 취향 등을 고려해 적절한 선물을 제안하고, 고객과 함께 직접 매장을 방문하여 선물을 골라주기도 해요.

근무환경

퍼스널쇼퍼가 주로 근무하는 백화점은 오전 10시에서 오후 8시까지 영업을 하는 경우가 많아요. 보통 백화점이 문을 여는 시간보다 한 두 시간 먼저 출근해 예약 고객의 일정을 점검하고 준비해야 하기 때문에 일반 직장인과 비교하면 근무시간이 길다고 할 수 있죠. 또 주 5일 근무를 하고 있지만 토요일과 일요일에는 고객들이 많이 몰리기 때문에 주중에 돌아가면서 쉬는 경우가 많아요.

　주로 백화점의 VIP 고객들을 상대하기 때문에 근무환경은

쾌적한 편이에요. 하지만 상품을 들고 고객들을 직접 찾아가는 경우도 많고, 패션정보 수집을 위해 패션쇼나 행사장에 나가는 경우도 있어 외근도 많은 편이에요.

퍼스널쇼퍼는 매장에서 고객들에게 적합한 상품을 찾아야 하기 때문에 백화점을 하루에도 수차례 오르락내리락 해야 해요. 또 서서 근무하는 시간도 많아 다리에 통증이 생기는 등 신체적 부담이 있을 수 있죠. 또한 고객 응대를 계속해야 하기 때문에 이 과정에서 정신적인 스트레스도 받을 수 있어요.

어떻게 준비하나요?

퍼스널쇼퍼가 되기 위해서는 최신 패션 경향을 파악하고 고객들에게 적합한 상품을 추천해 줄 수 있는 패션 감각이 필요해요. 또한 고객과 함께 보내는 시간이 많기 때문에 서비스 마인드는 물론이고, 친화력, 원만한 대인관계 능력 등을 갖추고 있는 사람이 유리해요.

고객들에게 상품 구매를 권유하기 위해선 협상력, 설득력, 말하기 능력이 필요하며 고객 성향을 정리해 꼼꼼하게 관리할 수 있는 관리 능력 등을 갖추는 것도 필요해요. 이밖에 패션에 관한 상담을 해주는 전문가로서 고객에게 신뢰감을 줄 수 있도록 철저한 자기 관리가 필요해요.

퍼스널쇼퍼와 관련된 별도의 정규교육과정은 없으나 업무의 성격상 의상, 미술, 미용 등 패션 관련 전공을 하면 유리해요. 최근에는 방송아카데미, 사설학원 등에서 연기자나 가수의 의상, 액세서리, 화장 등을 담당하는 스타일리스트 양성과정이 많이 생기고 있는데 이와 관련한 교육을 받아도 퍼스널쇼퍼로 일하는데 많은 도움이 돼요. 퍼스널쇼퍼는 패션 유행을 가장 빠르게 파악해야 하는 사람이기 때문에 평상시 패션 잡지나 전문 TV, 관련 인터넷 사이트 등을 통해 최신 경향에 대한 정보를 지속적으로 알아두는 것이 중요해요.

그 밖에 퍼스널스타일링협회에서 동덕여대 평생교육원과 진행하는 퍼스널쇼퍼 자격증 과정이 있으며, 코디네이터자격증이나 어학능력 자격증이 있으면 업무수행에 도움이 돼요.

퍼스널쇼퍼는 주로 백화점에서 근무하며 최근에는 의류 브랜드 매장에서 퍼스널쇼퍼를 고용하는 경우도 있어요. 채용은 주로 서류와 면접 전형을 거치는데 명품 브랜드 매니저로서 오랜 경력을 갖추고 있는 사람을 선호하죠. 이밖에 백화점 공채로 채용되어 영업팀으로 발령된 다음 퍼스널쇼퍼로 일을 보조하다가 전문 인력으로 양성되는 경우도 있어요.

이 직업의 현재와 미래는?

2013년 조사에 따르면, 임금은 하위(25%) 2500만원, 평균 (50%) 3100만원, 상위(25%) 3800만원 수준으로 나타났어요. 학력은 고졸 11퍼센트, 전문대졸 49퍼센트, 대졸 39퍼센트의 분포를 보였고, 전공자는 인문계열과 예체능계열이 70퍼센트 를 차지했어요.

백화점에서 극소수 VIP 고객을 대상으로 이루어지던 퍼 스널쇼퍼 서비스가 일반 고객들로 그 범위가 확대되고 있어 앞으로의 전망은 밝다고 할 수 있어요. 또한 일반 의류 브랜드 매장에서도 고객들에게 적합한 상품을 안내할 수 있도록 자체 적으로 퍼스널쇼퍼를 고용하는 경우도 나오고 있고, 서비스의 주요 고객 대상이 여성에서 은행, 증권 등 사람을 상대하는 전 문직 남성으로 확대되고 있는 점도 퍼스널쇼퍼의 일자리가 늘 어나는데 긍정적인 영향을 주고 있어요.

또한 면세점이 확대되고 외국 관광객의 유치를 늘리기 위 해 마케팅 차원에서 퍼스널쇼퍼 서비스를 제공하는 곳이 늘고 있어요. 그 예로 2016년 5월, 국내 유명 면세점은 동남아시아의 고액자산가 고객 유치의 일환으로 퍼스널쇼퍼 서비스를 포함하였고, 기존의 쇼핑업체가 아닌 항공사까지도 퍼스널쇼퍼 서비스를 도입했어요.

이와 같은 서비스 수요 변화로 퍼스널쇼퍼는 해당 분야 경력이 중요하기 때문에 자기 관리를 철저히 해나간다면 나이에 관계없이 오랜 시간 전문가로 활동할 수 있어요.

INTERVIEW

Q 현재 하고 계신 일은? 어떻게 이 일을 시작하게 되셨나요?

A 패션 분야에 관심이 많아서 학생 때부터 패션 잡지나 패션쇼 보는 것을 좋아했어요. 그래서 학교 졸업을 한 뒤 명품 브랜드 매니저 일을 시작하게 되었고, 오랜 브랜드 매니저 경력을 바탕으로 백화점에서 퍼스널쇼퍼로 활동하게 되었죠.

Q 이 일을 하면서 힘들었던 점은? 또 언제 보람을 느끼셨나요?

A 퍼스널쇼퍼는 사람을 상대하는 일을 해요. 그러다 보니

내가 원치 않는 상황에서도 미소를 지어야 하고, 몸이 아프거나 힘들 때도 티를 낼 수가 없어요. 일을 시작할 당시 고객과의 관계 때문에 상처받고 좌절하여 눈물을 흘린 적도 많았죠. 하지만 어려울 때 힘과 격려를 주시는 고객분들도 계셔서 감동을 받기도 해요. 일을 하는 데 있어 고객과의 관계 형성이 가장 어려운 부분인 것 같아요.

Q 이 직업의 매력은 무엇이라고 생각하시나요?

A 이 분야는 나이가 들고 경력이 쌓일수록 그것 자체가 재산이 돼 인정을 받는 부분이 많아요. 퍼스널쇼퍼는 해당 분야 경력이 중요하기 때문에 자기 관리를 철저히 하면 나이에 관계없이 오랜 시간 활동할 수 있다는 것이 가장 큰 장점인 것 같아요.

Q 이 일을 하고자 하는 사람들이 있다면 어떤 준비와 노력을 해야 하나요?

A 퍼스널쇼퍼가 하는 일은 생각보다 강한 체력을 요구해요. 근무시간 가운데 대부분이 서서 일하는 시간이며 고객들의 상품을 고르고 준비하기 위해 백화점 매장 곳곳을 다니는 일도

많죠. 평상시 운동을 통해 강한 체력을 갖추어 놓으라고 말하고 싶어요. 또 사람들을 상대해야 하는 일이기 때문에 몸매 관리에도 신경을 써야 하며 친화력을 갖춰놓는 것도 중요해요.

Q 마지막으로 이 직업을 희망하는 후배들에게 한 말씀 부탁드려요.

A 퍼스널쇼퍼라고 하면 명품에 둘러싸인 화려한 모습을 떠올리는 친구들이 있는 것 같아요. 하지만 현실은 많이 달라요. 겉으로는 화려하게 보일지 모르지만 육체적, 정신적으로 힘든 일이 너무나 많죠. 직업에 대한 이해 없이 막연한 동경으로 이 일을 시작하면 견디기 힘들지도 몰라요. 퍼스널쇼퍼가 어떤 일을 하는지, 어떤 자질이 필요한지 차근차근 알아보고, 그래도 이 일이 하고 싶다면 도전하라고 말하고 싶어요.

어떤 일을 하나요?

탄생배경

매장배경음악전문가는 음악을 활용해 고객의 감성을 자극하는 음악 마케팅이 부각되면서 등장하게 된 직업이라고 할 수 있어요. 음악 마케팅의 정확한 시초를 알 수는 없지만 1930년대에 미국의 유명한 한 감성 DB 회사에서 음악과 심리를 접목시키는 것을 토대로 여러 가지 실험을 했고, 전쟁터와 공장 등지에서 사람들의 스트레스를 최소화하기 위해 심리적 안정을 취할 수 있는 음악을 연구한 게 그 뿌리가 됐다고 해요.

본격적으로 음악 마케팅이 알려지게 된 계기는 1990년 미국의 한 커피전문점의 성공적인 사례를 통해서예요. 전 세계에 매장이 있는 이 커피전문점에서는 고객들이 자신의 매장에서 편안하게 이야기를 나누고 쉬어 갈 수 있도록 본사에서 신경 써 준비한 음악을 전 세계 매장에서 똑같이 틀어주는 서비스를 했다고 해요. 그리고 이 서비스 덕분에 매출이 급격하게 신장됐다고 하죠. 이처럼 장소나 시간, 날씨 등에 맞는 음악을 제공하는 것이 고객의 구매 심리에 영향을 미치는 것으로 드러나면서 백화점이나 대형마트, 패스트푸드점에서는 매장 배경음악 서비스를 전문적으로 해줄 수 있는 인력이 필요하게 되었고 이런 수요에 부응해 매장배경음악전문가라는 직업이 등장하게 된 것이죠.

하는 일

매장배경음악전문가는 매장의 음악 선곡을 담당하는 일종의 디제이라고 할 수 있어요. 이들은 백화점이나 대형마트, 대형 서점, 패스트푸드점 등에 배경음악을 제공하고 관리하는 일을 하는 사람으로 음악코디네이터라 불리기도 하죠. 주로 고객사를 분석해 그 매장에 적합한 음악을 선곡·구성하는 것이 주된 업무예요.

수많은 업종의 고객들로부터 의뢰를 받기 때문에 기본적으로 음악코디네이터는 다양한 장르, 문화, 지역의 음악에 대해 폭넓게 잘 알고 있어야 해요. 또한 그런 음악들의 데이터들을 잘 수집하고 정리하여 쉽게 사용할 수 있도록 하는 것도 음악코디네이터의 주요 업무 중 하나죠. 현재 음악 트렌드와 지역별 시장의 흐름을 파악하기 위한 시장조사를 하는 경우도 빈번해요.

고객에게 음악의 선곡을 의뢰받으면, 그때부터 음악코디네이터의 본격적인 업무가 시작돼요. 의뢰한 고객과 기업의 업종, 매장 위치, 영업시간, 주 고객, 판매상품, 인테리어 그리고 기업의 요구사항들을 분석하여 어떤 음악을 제공하는 것이 가장 적합할지 전체적인 기획을 하게 되죠. 예컨대 10대들이 자주 찾는 의류 매장에서는 인기 가수들의 노래를 집중적으로 틀어주고 20~30대가 주로 찾는 커피점에는 커피와 함께 즐길 수 있는 잔잔한 음악을 위주로 내보내요. 의뢰받은 요구사항의 분석이 끝나면 본격적으로 음악을 선곡하게 되죠. 이때는 한 번에 선곡이 끝나는 것이 아니라 선곡한 음악을 의뢰 고객에게 들려주거나, 매장에서 실제 테스트를 반복한 후 최종 리스트를 결정하게 돼요. 최근에는 인터넷 사용이 보편화되면서 주로 온라인 플레이어를 활용한 음악 서비스가 제공되고 있어요.

매장 배경음악 서비스는 한 번으로 끝나는 일회적인 것이 아니기 때문에 지속적으로 새로운 음악을 추가하고 관리해주는 일이 중요해요. 따라서 매장배경음악전문가는 시간이나 날씨, 계절, 이벤트 등을 고려해 다양한 상황별 음악을 구성하고, 지속적으로 음악을 추가해 틀어줘야 하죠. 또 고객들의 반응을 분석해 다음 선곡에 반영하는 일도 해야 해요.

음악은 저작권을 가지기 때문에, 자칫 잘못하면 불법적으로 사용될 수 있어요. 따라서 음악의 저작권에 대한 사항을 잘 이해하고, 저작권자와 적절한 협의 또는 계약을 통해 합법적으로 음악을 사용해야 하죠. 때때로 음악코디네이터는 기업의 의뢰를 받아 전문 작곡가에게 가장 적합한 음악의 작곡을 의뢰하고 협의하는 일을 하기도 해요.

근무환경

직업 특성상 일을 하며 많은 음악을 들어야 해요. 보통 음악을 좋아하는 사람들이 일하지만 온종일 음악을 듣다보면 정신적인 스트레스도 있어요. 고객사에 따라 차이가 있지만 서비스 의뢰가 들어와 고객사를 분석하고 적합한 음악을 선곡하는 데에는 약 한 달의 시간이 필요해요.

근무시간은 일반회사와 비슷한 편이에요. 다만 고객사들이 이른 아침에 업무를 시작하거나 24시간 영업을 하는 곳도 있어 제공하는 음악 서비스에 문제가 생길 경우 새벽이나 늦은 시간에 일을 처리해야 하는 경우도 있어요.

매장배경음악전문가는 주로 사무실 안에서 근무하지만 고

객사에 선곡된 음악을 보고하거나 매장에서 서비스되고 있는 음악을 확인하기 위해 외근 근무를 할 때도 있어요.

어떻게 준비하나요?

매장배경음악전문가가 되기 위해서는 기본적으로 음악적 재능과 감수성이 필요해요. 단순히 음악을 좋아해서 할 수 있는 일은 아니며 고객사에 적합한 음악을 찾아내고 대중들의 음악적 취향을 파악할 수 있는 음악적 안목과 통찰력, 분석력이 필요하죠. 또한 고객사와 의견을 조율해야 하는 경우도 많기 때문에 의사소통능력, 협상력 등을 갖추고 있는 것이 유리해요. 이밖에 음악 마케팅과 관련된 일을 수행하는 것이기 때문에 기획력, 마케팅 능력, 사람들의 심리를 파악하는 능력 등도 요구돼요.

이 일을 하기 위해 필요한 특별한 교육이나 훈련과정은 없어요. 다만, 음악과 관련된 일을 하기 때문에 대학에서 음악이나 실용음악 등을 전공하면 도움이 되고 마케팅이나 심리에 관한 지식을 위해 경영, 마케팅, 광고, 심리 등의 전공을 하면 도움이 돼요.

하지만 매장배경음악전문가가 되기 위해서는 무엇보다 꾸준히 음악적 소양을 쌓으며 관련 업계에서 경력을 쌓아가는 것이 중요해요. 특히 한쪽에 치우친 음악 지식이 아니라 고전음악에서 최신 음악에 이르기까지, 클래식 음악에서 제 3세계 음악에 이르기까지 시기와 장르에 상관없이 다양한 음악에 대한 폭넓은 이해와 지식이 있어야 하죠. 또한 음악을 다루는 업무를 하기 때문에 음악을 편집하는 관련 소프트웨어들을 다루는 지식과 능력도 갖춰야 해요.

매장배경음악전문가는 꾸준한 자기계발이 필요한 직업이에요. 하루에도 수많은 음악들이 전 세계에서 쏟아져 나오기 때문에 최신 음악에 대한 정보를 수집하고 듣는 등 꾸준한 정보수집 노력이 요구돼요.

이 직업의 현재와 미래는?

진출 현황

매장 음악 서비스는 미국과 일본의 경우 조 단위가 넘는 막대한 시장을 형성하고 있지만, 한국은 2005년부터 IT업계가 중심이 되어 뒤늦게 시작한 후발주자로서 정확한 시장 규모 및 종사자 통계는 집계되지 않고 있어요. 문화체육관광부와 관련 업계에 따르면, 샵캐스트와 KT뮤직 등 업계 선두업체의 경우에는 2014년 기준 100억 원대 시장을 형성하고 있고, 매출은 매년 두 배 이상 늘고 있어요.

매장배경음악전문가는 주로 배경음악 전문회사, 온라인 음악 사이트 등에서 근무해요. 대부분이 소규모의 회사이기 때문에 인력이 필요할 때 수시 채용이나 인맥을 통한 채용이 이루어지고 있어요. 채용을 할 때는 음악적 지식이 중요한 평가요소가 되며 이를 위해 특정 음악 장르에 대한 의견서를 제출할 것을 요구하기도 해요.

또한 업체에 따라 음악 편집 관련 소프트웨어의 사용 능력을 필수적으로 요구하기도 해요. 음악적 지식이 해박하기 때문에 경력을 쌓아 음악평론가로 활동하거나 음악 관련 방송 분야 등으로 진출하는 이들도 있죠. 매장배경음악전문가의 임금은 업체에 따라 차이가 크며 매장 음악 서비스를 포함해 다양한 음악 서비스를 수행하는 온라인 음악 서비스 업체의 임금 수준은 일반 기업 수준이에요.

전망

매장 배경음악 서비스는 지금 한참 전문화되고 발전하는 단계에 있어요. 음악을 이용한 마케팅으로 성공한 기업들의 사례가 주목을 받고 있고 음악 매체가 테이프나 CD 등의 음반에서 온라인 데이터 등의 음원으로 바뀌면서 음악저작권에 대한 인식이 강화되고 있죠.

특히 음악저작권 강화는 매장배경음악전문가의 일자리에 매우 큰 영향을 미치고 있어요. 사실 과거에는 저작권에 대한 인식이 부족해서 일반 매장이나 공공장소에서 불법적으로 음악 서비스를 받는 경우가 많았죠. 하지만 음악저작권의 중요성이 커지면서 합법적인 음악 서비스를 이용하는 매장이 증가하고 있고 최근 대법원은 큰 매장이든 작은 매장이든 음악을 틀면 저작권료를 내야 한다는 판결을 내리기도 했어요.

이같이 매장 음악 서비스는 새로운 저작권산업의 사업 모델로 자리 잡고 있으며, 정부 차원에서도 향후 성장 가능성을 높이 평가하여 새로운 사업영역으로 성장할 수 있는 지원정책을 마련하고 있어 이들의 역할도 함께 커질 가능성이 높아요.

INTERVIEW

Q 현재 하고 계신 일은? 어떻게 이 일을 시작하게 되셨나요?

A 고등학교 때 음반제작이나 작곡에 관심이 많았는데요, 음악을 하며 여러 부분에서 벽이 있다는 걸 알고 좌절을 하게 됐어요. 그러다 인터넷의 발달로 온라인 스트리밍 서비스가 나오면서 한 온라인 음악 사이트에 취업을 하게 되었죠. 입사 당시 저희 회사에서는 매장에 음악을 전문적으로 제공해주는 서비스를 개발하고 있었고, 여기에 투입되면서 매장배경음악전문가 일을 본격적으로 시작하게 되었어요.

Q 이 일을 하면서 힘들었던 점은? 또 언제 보람을 느끼셨나요?

A 일을 시작할 당시 매장 음악 서비스가 존재하지 않던 시기였기 때문에 모든 것을 처음부터 해야 했어요. 관련 자료도 없고 카페나 마트 등에서 합법적으로 음악을 사용해야 한다는 인식이 거의 없던 시기였죠. 고객들에게 매장 음악 서비스가 왜 필요한지 설득하는데 어려움이 많았어요. 보람이라고 하면 저희 회사에서 매장 음악 서비스를 받고 실질적으로 판매 매

출이 늘었다는 소식을 들었을 때 보람을 많이 느껴요.

Q 이 직업의 매력은 무엇이라고 생각하시나요?

A 아마 음악을 싫어하는 사람은 없을 거라 생각해요. 누구나 좋아하는 음악, 모든 사람의 공감대를 얻을 수 있는 음악이라는 도구를 이용해 일을 할 수 있다는 것이 이 직업의 가장 큰 매력인 거 같아요.

Q 일을 하면서 겪었던 재미난 에피소드가 있다면 말씀해주세요.

A 모 항공사의 기내 음악 서비스를 할 때 있었던 일이에요. 비행기 기내라는 공간은 특수한 공간이잖아요. 기내에서 들을 수 있는 적합한 음악이라고 하면 고려해야 할 요소들이 꽤 많아요. 특히 여러 나라의 사람들이 이용하기 때문에 그들의 공감대를 모두 끌어낼 수 있는 보편적인 음악을 선정해야 하죠. 그게 쉬운 일은 아이에요. 언젠가 한 외국인이 기내에서 음악을 듣고 너무 좋아서 항공사를 통해 저희 회사로 전화를 한 적이 있었어요. 가곡과 국악이었던 걸로 기억하는데요. 외국에서 구하기 힘든 음악이라 각각의 곡이 담긴 CD 목록과 구입할

수 있는 방법 등을 알려줬던 기억이 나네요. 외국에서 저희 회사 정보를 찾기가 쉽지 않았을 텐데 그런 점에서 놀랐었고 한편으로는 그 관심에 제가 오히려 고마워했던 기억도 나요.

Q 마지막으로 이 직업을 꿈꾸는 후배들에게 한마디 부탁드려요.

A 매장배경음악전문가는 단순히 음악을 좋아하는 것만으로 할 수 없는 일이에요. 흔히 음악을 좋아하는 사람들은 특정 음악에만 빠지는 마니아적 특징을 잘 보여주죠. 하지만 매장배경음악전문가는 특정 장르의 음악이 아니라 동요에서 팝, 클래식, 제3세계 음악에 이르기까지 다양한 음악에 대한 지식이 필요해요. 또 어디까지나 이것은 상업적, 대중적 활동이라는 것을 잊어서는 안 돼요. 따라서 단순히 음악을 좋아하는 열정만으로는 이 일을 하기 어렵다는 것을 말씀드리고 싶어요. 이런 점들을 다 알고 다양한 영역의 음악에 관심을 갖고 관련 지식을 쌓아 나간다면 앞으로 직업적인 매장배경음악전문가로 활동하는데 많은 도움이 될 거라고 생각해요.

출처

한국고용정보원 워크넷

홈페이지: http://www.work.go.kr

한국고용정보원
Korea Employment Information Service

청소년들의 진로와 직업 탐색을 위한
잡프러포즈 시리즈 08

라이프스타일을 설계하는
백화점바이어

2017년 6월 22일 | 초판1쇄
2022년 10월 25일 | 초판5쇄

지은이 | 임태혁
펴낸이 | 유윤선
펴낸곳 | 토크쇼

편집인 | 박가영
디자인 | 김연희
마케팅 | 김민영

출판등록 2016년 7월 21일 제2019-000113호
주소 | 서울시 서초구 나루터로 69, 107호
전화 | 070-4200-0327
팩스 | 070-7966-9327
전자우편 | myys327@gmail.com
블로그 | http://blog.naver.com/talkshowpub
ISBN | 979-11-88091-08-9 (43190)
정가 | 15,000원